# 海外旅行「そのまま使える英会話」

小平桂子アネット［監修］

三笠書房

## はじめに

　海外旅行から帰って来た友人のみやげ話に耳を傾けていると、必ずといっていいほど、現地でのコミュニケーションにまつわる失敗談が飛び出すものです。そして、
「やっぱり、英語は難しいね。あんなに勉強したのに、いざとなったら全然使えないんだから」
と、しめくくられます。
「それでも、どうにか英語で通じたんでしょ？」
と聞き返すと、
「だって、必要最低限の英会話だよ。レストランとか買い物とか……」
という答えが返ってきます。
　しかし、それではいけないのでしょうか。
　何事にも、"最初の一歩"があります。だから、たとえば、何かをしてもらった時に、"Thank you."とひと言うだけでも、大切なことだと思いますし、そのひと言が自然にいえるようになるところから、自分の中の「英語」の位置づけが変わってくると思うのです。
　私は幼い頃、アメリカに住んでいたことがあります。しかし、日本に帰って来てからは、ずっと日本の学校に通ったので、小さい頃に覚えた英語は、すっかり忘れてしまいました。今私が使っている英語は、基本的には、中学・高校の6年間で覚えたものなのです。
　そういうと、

「なぜ、それだけで英語が話せるのですか？」
と、多くの人に聞かれます。

その答えはふたつあります。

ひとつには、冒頭の話です。つまり、「英語は特別なもの、苦手なもの、難しいもの」という意識が、スムーズに英語を口にすることを妨げているのです。もちろん、ふだんの生活ではあまり使うことがないわけですから、しかたがないのかもしれませんが……。

私の場合、母がドイツ人であるため、家の中では、日本語、ドイツ語、英語が飛び交っていました。ですから、英語やドイツ語に対して、「外国語」という意識よりも、日本語と同じ、「意思伝達のためのツール」という意識が強かったのです。

しかし、だからといって学校での英語の成績が良かったわけではありません。コミュニケーションツールとしての生きた英語と学校のテストで試される英語は違うのです。

そして、もうひとつの答えは、本書の中にあります。

この本のページを、ぱらぱらとめくってみてください。

知らない単語が、いくつありますか？

難しい構文が、いくつありますか？

……たぶん、数えるくらいしかないはずです。それが答えなのです。

つまり、ふだんの会話の中では、それほど難しい単語は出てこないのです。また、長々と、いくつものカンマで区

切った文をしゃべる必要もないのです。あなたがふだん話している日本語も、そうではないですか？

　さあ、これで問題は解決です。たとえ間違えたって、いい直せばいいだけの話なのです。恐れずに最初の一歩を踏み出せば、あとはどんどん先に進めるはずです。

　そのために、ぜひ、この本を役立ててほしいと思います。せっかくの旅行なのですから、英語を話して、十分に楽しんで来てください。

　本書では、旅行で必要と思われるさまざまな表現を盛り込んであります。ひとつひとつの表現には、それを応用したものや、文化的背景などもつけ加えてありますので、読み物としても十分に楽しんでいただけると思います。

　本当は、カタカタ表記に頼らないですめば理想的なのですが、何事も、はじめの一歩が大切です。カタカナ表記も、大いに活用してください。ただし、まずは、英語表記のほうを読むことにチャレンジしていただきたいと思います。

　旅行に行って、自分の言葉で現地の人たちと会話をすることで、これまでと違った世界、これまでと違った自分に出会えるはずです。

　本書はトラベル英会話の本ですが、それだけで終わらせてほしくはないというのが、私の希望です。皆さんの英語が、コミュニケーションツールとして、生き生きと飛び交うためのお手伝いができればと思っています。

小平桂子アネット

海外旅行
「そのまま使える
英会話」
目次

## 1章

### 機内・空港
安心・快適を約束する
AtoZ

#### 機内

まずは着席する／14
フライト・アテンダントとの会話／16
ミールサービスを楽しむ／18
機内アナウンスの内容確認／20

#### 機内でのトラブル

体調をくずしたら／22

#### 空港

入国の目的を伝える／24
税関に申告する／26
通貨の両替をする／28
トランジット・乗り継ぎ／30
帰国の際の空港での会話／32

#### 空港でのトラブル

荷物が見つからない／34
乗り継ぎ便に間に合わなかった／36
予約をキャンセルしたい／38

## 2章
## ホテル
**どんなリクエストも思いのまま！**

現地でホテルを予約する／42
チェックイン／44
部屋をかえてもらう／46
チップをスマートに渡す／48
ルームサービスを頼む／50
ドアのノックに答える／52
モーニングコールを頼む／54
貴重品を預ける／56
クリーニングを頼む／58
ホテルの施設を利用する／60
日本に国際電話をかける／62
宿泊を延長する／64
チェックアウト／66

### ホテルでのトラブル

予約したのに部屋がとれていない／68
部屋に鍵を置き忘れた／70
請求書に間違いがある／72

### 帰国の際のホテルでの英会話

帰国便の予約を再確認／74
出発まで部屋を使用したい／76

## 3章

## 移動
行きたいところに自由自在

### タクシー

タクシー乗り場をたずねる／80
運転手に行き先を告げる／82
タクシー代を払う／84

### バス・電車・地下鉄

路線図を手に入れる／86
目的地までの切符を買う／88
行き先を確認する／90
どこで乗り換えるか聞く／92
バスで市内をまわる／94

### レンタカー

レンタカーを借りる／96
ガソリンスタンドで給油する／98
レンタカーを返却する／100

### 移動でのトラブル

列車でのトラブル／102
車が故障してしまった／104
交通事故を起こしてしまった／106
道をたずねる／108
トイレの場所を聞きたい／110

## 4章

### ショッピング
何を買う？ どこで買う？
ひとりでも安心の買い物術

店・売り場をたずねる／114
品物の値段を聞く／116
値切りたい／118
気に入った品物を買う／120
カードが使えるか確かめる／122
店員に話しかけられたら／124
品物を見せてもらう／126
服を試着したい／128
服のサイズが合わない／130
プレゼント用のラッピングを頼む／132
買ったものを日本に送りたい／134

**ショッピングでのトラブル**

お釣りが足りない／136
買ったものを返品したい／138

## 5章

### レストラン
いい店の見つけ方から
おいしい料理を味わう方法まで

お勧めのレストランをたずねる／142
レストランの予約をする／144
メニューを見せてもらう／146
お勧め料理を聞く／148
食事を注文する／150
肉の焼き加減を指定する／152
服装の決まりをたずねる／154

料理の残りを持ち帰りたい／156
勘定をお願いする／158
バーでお酒を楽しむ／160
ファストフード店で／162

### レストランでのトラブル

注文と違う料理がきた／164
料理に問題がある／166

**6章**

## 観光・レジャー
観る・遊ぶ　あらゆる
アクティビティを満喫する！

観光名所をたずねる／170
観光ツアーをさがす／172
写真撮影が可能か確かめる／174
チケットを入手する／176
スポーツ観戦を楽しむ／178
美術館・博物館をたずねる／180
クラブで夜を楽しむ／182
ゴルフを楽しむ／184
テニスをしたい／186
マリンスポーツを体験する／188

## 7章

### コミュニケーション・滞在
これは使える！ 住んでる気分も味わえるフレーズ集

- 上手に自己紹介したい／192
- 食事に誘う／194
- 上手に誘いを断りたい／196
- 相手の住所を聞く／198
- 相手をほめる／200
- 日本について説明する／202
- 銀行口座を開きたい／204
- 部屋を借りて暮らしたい／206
- 食料品・日用品を買う／208
- お望みのヘアカットは？／210
- 郵便局で手紙を出す／212
- フィルムを現像する／214
- クリーニング店を利用する／216

## 8章

### 緊急事態
イザという時あわてない、とっさのこのひと言

#### 病気
- 医者を呼びたい／220
- 病状を説明する／222
- 処方箋の薬をもらう／224

#### 盗難・紛失
- 盗難に遭ってしまった／226
- パスポートをなくしてしまった／228

クレジットカードを無効にする／230
TCを再発行してもらう／232

**身の危険**

金を出せと脅された／234
いいがかりをつけられた／236

**コラム**

pleaseを使いこなそう／40
Thank you.ときちんといおう／78
YesとNoをいえる日本人になろう／112
I'm sorry.とExcuse me.の使い分け／140
丁寧な言葉でものを頼む／168
相手の言葉を聞き直すには／190
いってはいけない英語／218

# トラベル和英辞典／238

本文イラストレーション
さとう有作

# 機内・空港

## 安心・快適を約束するAtoZ

1章

## まずは着席する

### 私の座席はどこですか。
**Where is my seat?**
ウェアリズ マイ スィート

　自分の座席がわからなかったら、フライト・アテンダントにこう質問すれば教えてもらえます。続けて、

### 私の座席はFの5です。
**My seat number is F five.**
マイ スィート ナンバァ イズ エフ ファイヴ

というように、搭乗券（boarding pass）に記載された座席の番号を伝えましょう。

　自分の座席に誰かが座っていた場合、その人に直接話しかけるのがためらわれるなら、

### 私の座席に誰か座っています。
**Somebody is sitting in my seat.**
サムバディ イズ スィティング イン マイ スィート

と、近くのフライト・アテンダントに伝えて、確認してもらうといいでしょう。

　座席がわかったら、手荷物は頭上の荷物置き場に入れておきます。すでにほかの人の荷物でいっぱいで、置き場がないという時には、フライト・アテンダントに、

### このバッグを別のところに置いてもらえますか。
**Could you put this bag to another place?**
クジュー プット ディス バッグ トゥ アナザァ プレイス

と頼みましょう。壊れ物（fragile things）がある場合や、コート（coat）をシワにならないように保管してほしい場

合などにも、この言い回しを使ってリクエストできます。

さて、飛行機が離陸して、水平飛行に移ったら、リラックスして空の旅を楽しみましょう。リクライニングシートを倒してくつろいだ姿勢を取りたい時には、マナーとして、

## 座席を倒していいですか。
May I recline my seat?
メアイ リクライン マイ スィート

と、後ろの席の人に声をかけるといいでしょう。

また、空席が目立つのに、両隣に人がいてきゅうくつだという場合、フライト・アテンダントに、

## 座席をかえてもいいですか。
May I change my seat?
メアイ チェインジ マイ スィート

と聞いてみるのも手です。隣の人に気を使わずに、ゆっくり休める座席を確保できるかもしれません。

### ❗ こんな場面・こんなフレーズ

## 座席を間違えているようなのですが。
I'm afraid you are in the wrong seat.
アイム アフレイド ユー アー イン ザ ロング スィート

搭乗券に表示された自分の座席にほかの人が座っている場合、直接、このように話しかけてもいいでしょう。

---

### 機内ワンポイント

海外旅行は機内から始まっています。閉ざされた空間で見知らぬ人々と過ごすだけに、マナーを守ることが大切です。誰かに質問をしたり、通路に出るために隣の人の前を通ったりする時などには、前もって、Excuse me.（すみません）と断りを入れるようにしましょう。

## フライト・アテンダントとの会話

### シートベルトのしめ方を教えてください。
Please show me how to fasten the seat belt.
プリーズ ショウ ミー ハウ トゥ ファスン ザ スィート ベルト

　シートベルトがうまくしめられない時には、あわてずにこうたずねましょう。「シートベルト着用」のサインが点灯している間は、必ずしめておきます。
　次に、飲食物以外のサービスを考えてみましょう。機内には、新聞や雑誌なども用意されているので、たとえば日本の新聞が読みたい場合、フライト・アテンダントに、

### 日本の新聞はありますか。
Do you have any Japanese paper?
ドゥ ユー ハヴ エニィ ジャパニーズ ペイパァ

とリクエストします。
　また、機内で上映される映画は、日本では封切り前であることも多いため、大きな楽しみのひとつです。自分の座席からはスクリーンが見づらく、まわりに手頃な空席があるような時には、

### スクリーンが見えません。
I can't see the screen.
アイ キャント スィー ザ スクリーン

### 向こうに移っていいですか。
May I move over there?
メアイ ムーヴ オゥヴァー ゼア

と、その方向を指しながら聞いてみましょう。
　映画の音声はイヤホンで聞きますが、もちろんこれで音

楽を楽しむこともできます。座席のアームのところにある差し込み口にイヤホンを差し込んでも、何も聞こえてこないという場合には、フライト・アテンダントを呼んで、

## イヤホンが壊れています。
**The earphone aren't working.**
ズィ イアフォウン アーント ワーキング

と伝えましょう。別のものと交換してくれます。

### こんな場面・こんなフレーズ

## 毛布をもらえますか。
**May I have a blanket?**
メアイ ハヴァ ブランケット

　毛布や枕は座席や棚などに用意されていますが、見当たらない時には、このように頼みます。

## 読書灯はどうやってつければいいのですか。
**Can you tell me how to turn on the reading light?**
キャン ユー テル ミー ハウ トゥ ターノン ザ リーディング ライト

　機内の設備の使い方がわからない時には、このような言い回しで質問します。映画上映などで機内が暗くなっても、読書灯をつければ本や雑誌などを読んだりすることができます。

---

### 機内ワンポイント

　乗客が快適な空の旅を楽しめるように、航空会社はさまざまなサービスを用意しています。利用方法などがわからない時には、臆せずにフライト・アテンダントに質問しましょう。また、機内販売で免税品を購入したい場合、機内誌を早めにチェックし、希望の商品を決めておきましょう。

## ミールサービスを楽しむ

### どんな飲み物がありますか。
**What kind of drinks do you have?**
ワァッカインドブ ドゥリンクス ドゥ ユー ハヴ

　離陸後、しばらくたつと飲み物のサービスがあります。フライト・アテンダントに、**What would you like to drink?**（何をお飲みになりますか）と聞かれ、何があるかわからない時には、こうたずねましょう。注文する時には、

### コーヒーをください。
**Coffee, please.**
カフィ プリーズ

と、欲しいものの後ろに please をつけていえばOK。用意されているのは、コーヒーや紅茶、ジュース、ソーダ類、お酒類など、ほぼ決まっています。
　次に、食事のサービス（ミールサービス）が始まります。

### ビーフとチキンのどちらになさいますか。
**Which would you like, beef or chicken?**
ウィッチ ウジュー ライク ビーフ オァ チキン

　などと希望を聞かれたら、Chicken, please.（チキンをください）と、これも選んだものの後ろに please をつけて頼みます。
　食欲がないのであとで食べたいという場合には、時間的な余裕や状況により断られる場合もありますが、

### あとで食べてもいいですか。
**May I have my meal later?**
メアイ ハヴ マイ ミール レイタァ

とたずねてみましょう。

　食事が終わる頃になると、フライト・アテンダントが、**Have you finished?**（おすみですか）と聞きながらトレイを片づけていきます。Yes か No で答えましょう。

## テーブルの上を片づけてください。
### Could you please clear the table, please.
クッジュー プリーズ クリィア ザ テイボゥ プリーズ

と、自分から頼むこともできます。

### ❗ こんな場面・こんなフレーズ

## 何か飲み物をもらえませんか。
### May I have something to drink?
メアイ ハヴ サムスィング トゥ ドゥリンク

　全員にサービスされる時以外でも注文できます。

## それは無料ですか。
### Is it free?
イズィッ フリー

　お酒は有料の場合もあるので、こういって確認します。

## 機内アナウンスの内容確認

### 今、何といいましたか。
**What did she say in the announcement?**
ワァット ディド シー セイ イン ズィ アナウンスメント

　機内では、着陸のお知らせなどのアナウンスがあります。英語が聞き取れない時には、隣の人やフライト・アテンダントに、上記のように聞いてみましょう。

　予定どおりに到着するのかどうかが気になる時には、

### 予定どおりですか。
**Are we on schedule?**
アー ウィ オン スケジュール

と、フライト・アテンダントに質問するといいでしょう。特に、到着した先で乗り継ぎをする時には、遅延が心配なものです。遅れるとわかったら、どの便に乗り継ぐのかを伝えて、必要な手配をしてもらうようにしましょう。

　また、あと何時間で着くかを知りたければ、

### あと何時間で着きますか。
**How many more hours are we flying?**
ハウ メニィ モア アゥワズ アー ウィ フライング

と聞けばOK。長時間のフライトでは、仮眠をとることも多いので、到着時間に合わせて頭をすっきりさせ、身支度を整える必要があります。

　腕時計を現地時間に合わせたい時には、

### ニューヨークの現地時間を教えてくれますか。
**Can you tell me the local time in New York?**
キャン ユー テル ミー ザ ロゥコゥ タイム イン ニューヨーク

と質問すれば、教えてもらえます。

到着時刻を聞く時には、

## ニューヨークには何時に着きますか。
### What time do we arrive in New York?
ワァッタイム ドゥ ウィ アライヴ イン ニューヨーク

また、目的地に近づくと、フライト・アテンダントが出入国カードと税関申告書を配ってまわります。たとえばアメリカに行く場合、U.S. citizen?（アメリカ市民ですか）と聞かれるので、No と答えること。そう伝えないと、外国人の出入国に必要な書類がもらえません。席をはずしていたなどで、書類をもらいそびれたら、

## 出入国カードをください。
### May I get the immigration form?
メアイ ゲッ ズィ イミグレイション フォーム

と頼みます。税関申告書は customs declaration form（カスタムズ デクラレイション フォーム）といいます。

**! こんな場面・こんなフレーズ**

## この書類はどう記入するのですか。
### How do I fill out this form?
ハウ ドゥ アイ フィル アウト ディス フォーム

記入の仕方がわからない時には、こう質問しましょう。

### 機内ワンポイント

飛行機は、予定到着時刻（Estimated Time of Arrival=ETA）に着くとは限りません。しかし、乗り継ぎをする場合、到着時間に多少遅れが出ても、最低必要時間（Minimum Connecting Time=MCT）を守っていれば、各航空会社が配慮してくれるはずです。

## 体調をくずしたら

### 気分が悪いのです。
**I feel sick.**
アイ フィール スィック

　機内では、お酒の飲みすぎに注意。気圧が低いため酔いやすく、気分が悪くなるおそれがあります。また、乱気流などで揺れた時には、飛行機酔い（airsickness）をする場合もあります。そうなったら、我慢をせずにフライト・アテンダントを呼び、上のように伝えて、

### 薬をもらえますか。
**May I have some medicine?**
メアイ ハヴ サム メディスィン

と頼み、薬を持ってきてもらいましょう。機内には、乗り物酔いの薬が用意されているはずです。吐きそうな時には、座席の前のポケットに専用の袋が入っているので、それを使います。見当たらないようなら、

### 吐く時の袋をください。
**Airsick bag, please.**
エアスィック バッグ プリーズ

と頼みます。周囲の人に迷惑をかけないためにも、早めに助けを求めるようにしましょう。
　具合が悪くなったら、第一に、どこが悪いのかを伝えることが大切です。たとえば、お腹が痛い時には、

### お腹が痛いのです。
**I have a stomachache.**
アイ ハヴァ スタマケイク

といいます。多少発音が悪くても、お腹をおさえてこういえば理解してくれるはず。症状を伝えてから、左記の要領で薬を頼むとスムーズにいきます。カゼの場合には、

## カゼ薬をもらえますか。
**Can I have some cold medicine?**
キャナイ ハヴ サム コゥルド メディスィン

と、カゼ薬と指定して、頼んでもいいでしょう。

### こんな場面・こんなフレーズ

**寒気がします。**
I have a chill.
アイ ハヴァ チル

**熱があるようです。**
I think I have a fever.
アイ スィンク アイ ハヴァ フィーヴァ

**頭が痛いのです。**
I have a headache.
アイ ハヴァ ヘッデイク

## 入国の目的を伝える

### 観光です。
### I'm here for sightseeing.
アイム ヒア フォ サイトスィーイング

　飛行機を降りたら、入国審査（Immigration）があります。非居住者（Non-resident）の列にならび、係官にパスポートと出入国カード、帰りの航空券を渡します。What's the purpose of your visit?（入国の目的は何ですか）の質問には、簡単にひと言で答えればOK。次に、

### 滞在期間はどのくらいですか。
### How long are you going to stay?
ハウ ロング アー ユー ゴウイング トゥ ステイ

と聞かれたら、Five days.（5日間です）というように答えます。入国審査は、不審人物をチェックし、不法入国を阻止するためのものなので、やましいところがなければ、心配はありません。質問の内容は、ほぼ決まっているので、あらかじめ頭に入れておけば、あわてずに答えられます。

### どこに滞在しますか。
### Where are you going to stay?
ウェア アー ユー ゴウイング トゥ ステイ

と問われたら、ABC Hotel.（ABCホテルです）と、ホテルの名前を答えます。こうした質問は形式的なものなので、何も聞かれないこともあります。また、もしも、

### どんな職業ですか。
### What's your occupation?
ワァッツ ユァ アキュペイション

という質問をされたら、Office worker.（会社員です）などと答えます。「ＯＬ」や「サラリーマン」は和製英語なので、英語の発音でいっても通じないと覚えておきましょう。係官が入国許可のスタンプを押し、出国カードをパスポートに留めれば、手続き終了です。

### こんな場面・こんなフレーズ

## 入国審査はどこですか。
**Where is Immigration?**
ウェアリズ イミグレイション

場所がわからない場合、近くの係員にたずねましょう。

## 仕事です。
**I'm here on business.**
アイム ヒア オン ビズネス

目的は仕事と答える場合、Business. だけでもＯＫ。

## 一時通過の客です。
**I'm a transit passenger.**
アイム ア トランズィット パッセンジャァ

経由地の空港では、通過カード（transit card）を受け取り、専用の待合室で待ちます。

### ◆ 空港ワンポイント ◆

入国審査には行列ができるので、提示するものを前もって用意しておきましょう。出入国カードの記入漏れがなく、パスポートやビザ、帰りの航空券などの、必要なものがそろっていれば、質問されないこともあります。家族は、一度に審査を受けられます。

## 税関に申告する

### 申告するものは何もありません。
**I have nothing to declare.**
アイ ハヴ ナッスィング トゥ ディクレア

　出発地の空港で預けたスーツケースなどを、手荷物受取所（baggage claim）で引き取ったら、次は税関（customs）の検査。係官にパスポートと税関申告書を渡し、所持品が免税の範囲内なら、上記のようにいいます。係官から、**Do you have anything to declare?**（申告するものはありますか）と聞かれたら、No と答えます。

　**Please open this bag.**（このバッグを開けてください）といわれたら、そのバッグを開けて、中身を見せます。

### これは私物です。
**These are my personal belongings.**
ディーズ アー マイ パーソナル ビロンギングズ

　自分の使うものについて、**What is this?**（これは何ですか）と聞かれたら、こう答えます。バッグなどの真新しい高級品や電化製品などは、商品として売るのではないかと疑われやすいのです。

　**Do you have any liquor or cigarettes?**（お酒やタバコを持っていますか）と聞かれたら、

### ウイスキー1本とタバコが1カートンあります。
**I have a bottle of whisky and a carton of cigarettes.**
アイ ハヴァ ボトォ オブ ウィスキィ アンダ カートゥン オブ シガレッツ

　などと答えればいいでしょう。免税の範囲内なら、関税はかかりません。

## 関税を払う必要がありますか。
**Do I have to pay the duty?**
ドゥ アイ ハフ トゥ ペイ ザ デューティ

関税の有無を確認したい時には、こう聞いてみましょう。

### ❗ こんな場面・こんなフレーズ

## これは私の荷物です。
**This is my baggage.**
ディス イズ マイ バギジ

手荷物受取所で自分の荷物という場合にも、税関の申告の時にも使えます。

## これは日本の食べ物です。
**This is a Japanese food.**
ディス イズ ア ジャパニーズ フード

梅干しなどについて聞かれたら、こう答えましょう。
一方、薬の類は麻薬と間違えられることもあるので、

## これは日本のカゼ薬です。
**This is a Japanese cold medicine.**
ディス イズ ア ジャパニーズ コゥルド メディスィン

などと、説明できるようにしておきましょう。

---

### ◆ 空港ワンポイント ◆

税関検査の厳しさは国や状況によって違いますが、「荷物をチェックする手続き」と思えばいいでしょう。その国の免税範囲や持ち込み禁止品を前もって調べておき、それを守っていれば、問題ありません。ヌード写真が掲載された週刊誌が禁じられている国もありますし、ワシントン条約で規制されている動物の皮革製品も、トラブルのもと。係官に、This is not allowed in.（これは持ち込み禁止です）といわれないように、気をつけましょう。

## 通貨の両替をする

### これをドルに両替してください。
**Can you change this into dollars?**
キャン ユー チェインジ ディス イントゥ ダラーズ

　税関を通ったら、現地の通貨が必要になります。空港の両替所（money exchange）や銀行（bank）を利用して、手持ちのお金を現地通貨に両替しましょう。やり方は簡単。上のようにいいながら、両替をする円を窓口に差し出すだけです。

　ただし、市中の銀行のほうが、交換レートが有利なことも多いので、あらかじめレートを確認しておくか、窓口の人に、

### 今日のレートはいくらですか。
**What's the exchange rate today?**
ワァッツ ズィ イクスチェインジ レイト トゥデイ

と聞いてから、両替する額を決めるといいでしょう。レートが不利なら、とりあえず必要な分だけ両替するのです。

　また、ホテルに落ち着くまでの間にも、タクシー代やチップ代、電話代などで、小銭を使うことは多いものです。高額紙幣だけでは不便なので、**How would you like it?**（金種はどうしますか）と聞かれたら、

### 20ドル札で5枚、残りは1ドル札にしてください。
**In five 20's, and the rest in 1 dollar bills.**
イン ファイヴ トゥエンティーズ アン ザ レスト イン ワン ダラー ビルズ

というように答えます。慣れない通貨のため、何をいくら分と細かく指定するのは難しいという場合には、

## その半分は小銭にしてください。
### Please give me half of this in small change.
プリーズ ギヴ ミー ハーフ オブ ディス イン スモール チェインジ

と、頼んでもいいでしょう。

　一方、現金ではなく、日本で用意したトラベラーズチェックを現金にしたい場合には、

## トラベラーズチェックを現金にできますか。
### Do you cash traveler's checks?
ドゥ ユー キャッシュ トラヴェラーズ チェックス

と聞いてから、所定欄にサインをして渡します。この場合も、金種を指定する方法は同じです。

### ❗ こんな場面・こんなフレーズ

## 両替はどこでできますか。
### Where can I change money?
ウェア キャナイ チェインジ マニィ

　場所がわからない時には、近くの係員に聞きましょう。

## これを小銭にくずしてもらえますか。
### Could you break this?
クジュー ブレイク ディス

　手元の現地通貨を小銭にしたい場合には、こういいます。

---

### 空港ワンポイント

　空港の両替所や銀行は、飛行機が発着する時間帯には、原則として開いています。市中銀行とのレートの違いは地域により異なるので、前もって情報収集しておくのが得策。ホテルでの両替は、一般的にレートや手数料の面で不利。また、両替したお金は、その場で換金証明書と照合しましょう。

## トランジット・乗り継ぎ

### 私は一時通過の客です。
**I'm a transit passenger.**
アイム ア トランズィット パッセンジャァ

　利用する便によっては、目的地までに、ほかの空港に着陸することがあります。これをトランジット（transit）といいます。ターミナルのゲートのあたりに出てから係員に上記のように伝え、通過カード（transit card）を受け取る必要があります。次に、係員が指示した待合室に行きますが、再び搭乗する時間がわからなければ、

### 搭乗開始はいつになりますか。
**What time can we start boarding?**
ワァッタイム キャン ウィ スタァト ボーディング

と質問しましょう。ふつうは、その空港の現地時間で答えが返ってきますから、時計を合わせておくことも大切です。また、待ち時間が長い場合でも、免税店での買い物などに熱中し、飛行機に乗り遅れるようなことにならないように注意しましょう。

### トランジットの待合室はどこですか。
**Where is the transit room?**
ウェアリズ ザ トランズィット ルーム

　待合室の場所がわからなければ、こう質問します。
　一方、ほかの便への乗り継ぎ（transfer）の場合、

### 乗り継ぎのカウンターはどこですか。
**How do I get to the connection counter?**
ハウ ドゥ アイ ゲットゥ ザ カネクション カウンタァ

と質問して、次に向かうべき場所を確かめます。乗り継ぎの手続き方法は、空港によって違っています。専用のカウンターが設置されていないところもあります。また、国際線と国内線ではターミナルが別という場合もあるので、その空港の状況がよくわからない時には、

## AB123便に乗り継ぎます。
### I have a connection to flight AB123.
アイ ハヴァ カネクション トゥ フライト エイビー ワントゥスリー

と具体的に伝え、どこに行けばいいか教えてもらうといいでしょう。It is departing pretty soon.（その便はまもなく離陸します）などといわれたら、出発まで時間がないということなので、急がなければなりません。

## マイアミに乗り継ぎます。
### I'm transferring to Miami.
アイム トランスファーリング トゥ マイアミ

乗り継ぎ便の行き先は、こう表現します。

### ❗ こんな場面・こんなフレーズ

## 荷物を置いていってもいいですか。
### May I leave my baggage on board?
メアイ リーヴ マイ バギジ オン ボード

機内に荷物を残せるかどうかという質問です。

---

### ◆ 空港ワンポイント ◆

　トランジットする便を利用する場合、そこで降りる人といっしょに、入国審査のほうへ行かないよう注意が必要です。貴重品は、機内に置いていかないこと。乗り継ぎについては、日本で預けた荷物を引き取って再び預ける必要があるのか、係員が積みかえてくれるのか、前もって確認しておきましょう。

## 帰国の際の空港での会話

### 搭乗手続きをお願いします。
**I'd like to check in.**
アイド ライク トゥ チェッキン

　利用する航空会社のカウンターに着いたら、こういって航空券とパスポートを渡します。帰国する際には、英語で搭乗手続き（check in）をしなければなりませんから、ひととおりのやりとりは頭に入れておきましょう。

　係員に、Window or aisle? と聞かれたら、窓側と通路側の席の、どちらがいいかということ。

### 通路側の席にしてください。
**Aisle seat, please.**
アイル スィート プリーズ

というように、簡単に答えればOKです。窓際がよければ、Window seat, please. といいます。同行者がいる場合には、いっしょに手続きをすれば、可能な限り隣り合った席を確保してくれるはずです。

　席の手配がすむと、預ける荷物について、

### お預かりする荷物はありますか。
**Do you have any bags to check?**
ドゥ ユー ハヴ エニィ バッグズ トゥ チェック

　などと質問されます。同行者の分と合わせて、Yes, three.（はい、3つあります）というように答え、カウンターの脇のほうに順次置いていきます。

　手続きがすみ、搭乗券などを受け取ったら、次に進みます。広い空港では、目指す搭乗ゲート（boarding gate）

がわかりにくいかもしれませんので、

## 10番の搭乗ゲートはどこですか。
**Where is the boarding gate 10?**
ウェアリズ ザ ボーディング ゲイト テン

というように、搭乗券に書かれたゲート番号を提示して質問すれば、スムーズにいくでしょう。

搭乗時間まで、どのくらい余裕があるかを確かめたい場合には、

## 搭乗開始は何時ですか。
**What time do you start boarding?**
ワァッタイム ドゥ ユー スタァト ボーディング

と、係員に聞いてみましょう。

### ❗ こんな場面・こんなフレーズ

**ABC航空のカウンターはどこですか。**
**Where is the ABC Airlines counter?**
ウェアリズ ズィ エイビースィ エアラインズ カウンタァ

**私が乗る飛行機はABC123便です。**
**My flight is ABC 123.**
マイ フライト イズ エイビースィ ワントゥスリー

### ◆ 空港ワンポイント ◆

出国までの流れは、国によって違います。アメリカなどでは、航空会社のカウンターで搭乗手続きをする際に、係員がパスポートを確認し、出国カードを取り去るだけで終わりますが、税関申告、出国検査と続き、それから搭乗ゲートへ向かう国もあります。

## 荷物が見つからない

### 私の荷物がありません。
**My baggage is missing.**
マイ バギジ イズ ミッスィング

　手荷物受取所で、待っても待っても自分の荷物が出てこない……そんなトラブルに見舞われることがあります。すぐに、近くの係員に伝えましょう。この時必要なのが、手荷物引換証（baggage claim tag）。出発地で荷物を預けた際に、係官から手渡されるものです。それを見せて、

### これが手荷物引換証です。
**Here is my claim tag.**
ヒアリズ マイ クレイム タグ

というと、話がスムーズに伝わります。引換証は、荷物を預けた証拠なので、なくさないように注意しましょう。

### 至急調べてください。
**Please check it immediately.**
プリーズ チェッキッ イミーディアトリィ

　係員がのんびり構えているようなら、威厳を持ってこう要求しましょう。落ち着いて正当な要求をするほうが、怒鳴りちらすより効果的です。
　次に、荷物の特徴を伝えて書類を作成し、手続きをします。見つかりしだいホテルに届けてくれるはずですが、相手の説明がよくわからなかったら、

### 荷物はホテルに届けてください。
**Please deliver the baggage to my hotel.**
プリーズ ディリヴァ ザ バギジ トゥ マイ ホゥテル

と、自分から念をおし、ホテルの名前を告げて、Yes か No の返答を得るといいでしょう。さらに、

### いつ届きますか。
**When will it arrive?**
ウェン ウィルィッ アライヴ

と聞くと、状況がわかります。何日もかかることもありますが、航空会社には、それまでに必要な身の回り品の購入や、発見されなかった時の賠償の責任があります。そこで、

### 身の回りの品が必要なのです。
**I need some daily necessities.**
アイ ニード サム デイリィ ネセスィティーズ

### 払ってくれますか。
**Will you pay me for it?**
ウィル ユー ペイ ミー フォリット

と質問。聞き取れなければ、何度でも聞き直すことです。

**❗ こんな場面・こんなフレーズ**

### スーツケースが壊れています。
**My suitcase is broken.**
マイ スートゥケイス イズ ブロウクン

　荷物が壊れている時には、係員にこう告げましょう。賠償請求ができます。

---

**◆ 空港ワンポイント ◆**

　荷物の紛失に備えて、荷物にはローマ字で書いた名札を必ずつけます。よくある形のスーツケースなら、ステッカーを貼るなどして目印をつけておきましょう。また、荷物をさがす際に、メーカー名や形、サイズ、色などの情報が必要になるので、英語でひかえておくと役に立ちます。

## 乗り継ぎ便に間に合わなかった

### 乗り継ぎ便に間に合いませんでした。
**I missed the transfer flight.**
アイ ミストゥ ザ トランスファー フライト

　飛行機が空港に遅れて到着したために乗り継ぎ便を逃してしまった場合、その場でしかるべき手配をしなければなりません。まずは、そこまで乗ってきた航空会社の係員に、上記のように伝えます。航空券を提示すれば、どの乗り継ぎ便か、どこへ向かうのかがわかります。次に、

### かわりの便を手配していただけますか。
**Could you put me on another flight?**
クジュー プット ミー オン アナザァ フライト

とたずねます。機体の故障など、航空会社の事情で遅れた場合、すみやかに代替便の手配をしてくれるはずです。天候などで遅れた時には、原則的に航空会社に責任はありませんが、対応してもらえる見込みもあるので、とにかく交渉してみましょう。翌日でないと代替便がない場合には、

### ホテルの予約をしてくれますか。
**May I ask you to make a hotel reservation?**
メアイ アスク ユー トゥ メイクァ ホゥテル レザヴェイション

と頼みましょう。

### ホテル代は出してもらえますか。
**Will you pay the hotel charge?**
ウィル ユー ペイ ザ ホゥテル チャージ

ということも、確認しておきましょう。また、預けている荷物をどうするかも確認しなければなりません。その夜、

泊まるホテルに持っていくなら、

## 荷物を出してください。
### Can I have my baggage?
キャナイ ハヴ マイ バギジ

と頼んで、荷物を引き取るようにします。

　また、乗り継ぎ便の変更は、そこから先の旅程の変更を意味しますから、必要に応じて、予約していたホテルやほかの航空会社に、連絡を入れなければなりません。その手配も、できる限り航空会社の係員に頼むといいでしょう。

### ❗ こんな場面・こんなフレーズ

## 乗り継ぎ便に間に合いそうもありません。
### I'm afraid I won't make my connection.
アイム アフレイド アイ ウォウント メイク マイ カネクション

　もう無理だという時には、こう表現します。

## もっと早い便は見つかりませんか。
### Could I get an earlier flight?
クダイ ゲット アンナーリアー フライト

　待ち時間が長い場合、もっと早い便を頼みましょう。

## 予約をキャンセルしたい

### 予約をキャンセルしたいのですが。
I'd like to cancel my reservation.
アイド ライク トゥ キャンスゥ マイ レザヴェイション

思わぬアクシデントで、予約していた便に乗れなくなったという場合には、なるべく早く航空会社のカウンターに行き、このように伝えます。ホテルの予約などを取り消す時にも、この言い回しを使うことができます。

ほかの日に変更するという場合なら、

### 予約を変更したいのですが。
I'd like to change my reservation.
アイド ライク トゥ チェインジ マイ レザヴェイション

といいます。直接カウンターに出向き、こういって航空券を渡せば、自分の名前や予約した便名、クラス、目的地などを、英語で説明しなくてすみます。一方、電話をかける場合には、それらをすべて伝えなければなりません。

次に、係員から、How would you like to change?（どのように変更なさいますか）と聞かれたら、

### 7月5日の便にかえたいのですが。
I'd like to change it to July 5th.
アイド ライク トゥ チェインジ イット トゥ ジュライ フィフス

と希望を伝えます。できるだけ早い便に乗りたいなら、

### ロサンゼルス行きのいちばん早い便を予約したいのですが。
I'd like to reserve the soonest flight to L.A.
アイド ライク トゥ リザーヴ ザ スーネスト フライト トゥ エル エイ

と伝えるといいでしょう。係員に、That flight is fully

booked.（その便は満席です）といわれたら、日時をずらして、空席を見つけてもらいます。ちなみに、格安航空券にはさまざまな制約があるので、注意が必要です。

> **こんな場面・こんなフレーズ**

次の便は何時ですか。
**When is the next flight?**
ウェン イズ ザ ネクスト フライト

最終便のビジネスクラスはまだ空席がありますか。
**Is the last flight's business class still available?**
イズ ザ ラスト フライツ ビズネス クラース スティル アヴェイラボゥ

　できる限り早い便に乗りたい場合、差額運賃を払って、ビジネスクラスを利用する方法もあります。

## pleaseを使いこなそう

　英語を話す時に言葉につまってしまう理由として、文章を組み立てるのに時間がかかるということがあります。頭の中で主語や述語などを考えているうちに、気まずい沈黙が流れてしまうのです。

　そこで覚えておきたいのが、please を使う方法。たとえば、What would you like to drink？（お飲み物は何になさいますか）と聞かれた時には、Coffee, please. と答えればいいのです。

　please をつけると、「〜をお願いします」というニュアンスになり、レストランでの注文をはじめ、タクシーで行き先を告げる時や切符を購入する時など、幅広く使うことができます。英語では、人に何かを頼む時には、please をつけるのがマナーとされています。Coffee. だけでは横柄になりますが、please をつければ正しいいい方になるのです。

　返事に手間取っていると、相手もいらだってくるもの。考え込むよりは、相手の目を見て微笑みながら、please をつけて注文しましょう。

　また、Would you like some more coffee？（コーヒーのお代わりはいかがですか）などと質問を受けた場合にも、Yes であれば、please をつけて Yes, please. と答えることができます。

# ホテル

どんなリクエストも
思いのまま！

2章

## 現地でホテルを予約する

### 今夜、ツインの部屋を予約したいのですが。
**I'd like to reserve a twin room for tonight.**
アイド ライク トゥ リザーヴァ トゥイン ルーム フォ トゥナイト

　現地でホテルの予約をするなら、空港から電話をかけて部屋をおさえる方法が効率的です。このいい方なら、部屋の種類と、その日に泊まるということを、一度に伝えることができます。

　観光シーズンで特に混雑している時なら、

### 今夜、空室はありますか。
**Do you have a room available tonight?**
ドゥ ユー ハヴァ ルーム アヴェイラボゥ トゥナイト

と、空室の有無からたずねてもいいでしょう。何軒も電話をかける場合、このほうが簡単。次に、部屋の希望を、

### 風呂つきのツインをお願いします。
**I'd like a twin room with a bathtub.**
アイド ライクァ トゥイン ルーム ウィズ ア バスタブ

　などと伝えます。風呂つきといわないと、共同のバスルームに驚かされることになりかねません。料金については、

### １泊いくらですか。
**How much is it per night?**
ハウ マッチ イズィッ パー ナイト

と質問します。朝食がついているかどうか知りたければ、

### 朝食込みですか。
**Is breakfast included?**
イズ ブレックファスト インクルーディド

と聞いてみましょう。そこに決めるなら、

**それでお願いします。**
**I'll take it.**
アイル テイク イッ

といって、名前を伝えます。
　また、何泊かしたい場合には、部屋の希望を伝えたあと、

**3泊お願いします。**
**For three nights, please.**
フォ スリー ナイツ プリーズ

と、簡単に宿泊日数を伝えるといいでしょう。

### こんな場面・こんなフレーズ

**シングルの部屋はありますか。**
**Do you have a single room?**
ドゥ ユー ハヴァ スィングゥ ルーム

**料金は税込みですか。**
**Does the price include tax?**
ダズ ザ プライス インクルード タクス

**満室です。**
**The rooms are fully booked.**
ザ ルームズ アー フリ ブックトゥ

---

### ホテルワンポイント

　到着日の宿泊先は、事前におさえておくほうが安心ですが、現地で部屋を予約する場合、ホテルの情報は、空港の観光案内所などで得られます。また、予約時には、クレジットカードの番号と有効期限を聞かれることが多いので、手元に用意しておくこと。到着が遅くなる場合には、その旨を伝えておきましょう。

## チェックイン

### 予約をしている山田です。
**I have a reservation. My name is Yamada.**
アイ ハヴァ レザヴェイション マイ ネイム イズ ヤマダ

　ホテルに着いたら、フロント（reception）でこのように伝えます。予約確認書を提示すると、名前の確認などがスムーズにできます。

### これが予約確認書です。
**This is the confirmation slip.**
ディス イズ ザ コンファメイション スリップ

　日本の旅行会社を通じて宿泊代を支払いずみの時には、

### これが宿泊券です。
**This is the voucher.**
ディス イズ ザ ヴァウチャー

といって、宿泊券（バウチャー）を渡します。予約の確認に手間取る時には、予約した状況を説明するのもひとつの手です。

### 東京で予約しました。
**I made the reservation in Tokyo.**
アイ メイド ザ レザヴェイション イン トウキョウ

　次に、**Please fill out this form.**（これに記入してください）と、宿泊カード（registration card）が差し出されるので、それに記入します。また、チェックアウト時の精算なら、**How would you like to pay?**（お支払いはどのようになさいますか）と聞かれるので、希望する支払い方法を答えましょう。部屋の希望があれば、

ホテル　45

### 静かな部屋がいいのですが。
**I'd like a quiet room.**
アイド ライカ クワィエット ルーム

　などといってみるのもいいでしょう。空室が多い場合には、考慮してもらえる可能性もあります。
　また、チェックインの時間より早く着いた時には、

### 今、チェックインできませんか。
**Could I check in now?**
クダイ チェッキン ナウ

と聞いてみましょう。状況によっては、可能なこともあります。翌日は何時まで部屋を使えるか知りたいなら、

### チェックアウトの時間は何時ですか。
**What is the check out time here?**
ワッティズ ザ チェッカウト タイム ヒア

と質問すればいいでしょう。

**❗ こんな場面・こんなフレーズ**

### 朝食は何時ですか。
**What time can I have breakfast?**
ワッタイム キャナイ ハヴ ブレックファスト

　朝食つきの場合には、確認しておきましょう。

---

**◇　　　ホテルワンポイント　　　◇**

　予約がすんでいれば、チェックインは簡単です。用意するのは、予約確認書と宿泊券、それに、パスポートとクレジットカード。パスポートは、宿泊カードに番号を記入するために必要です。また、現金で支払う場合には、チェックインの時に手付金（deposit）を払うこともあると覚えておきましょう。

## 部屋をかえてもらう

### 部屋をかえていただけますか。
**Could you change the room?**
クジュー チェインジ ザ ルーム

　案内された部屋が予想と違っていた場合には、遠慮せずにこういってみましょう。Is there anything wrong?（何か問題がありますか）と聞かれたら、理由を説明します。たとえば、広い道路に面していて外の騒音が気になるなら、

### この部屋はちょっとうるさいので……。
**This room is a little noisy.**
ディス ルーム イズ ア リトゥル ノイズィ

といえばいいでしょう。夜になってから周囲がうるさくなった場合にも、同じようにいうことができます。
　また、ツインだと思っていたのに、通されたのはダブルの部屋だったという時には、

### ツインの部屋がいいのですが。
**I'd like a room with twin beds.**
アイド ライクァ ルーム ウィズ トゥイン ベッズ

といいます。気に入らないところがあれば、それを説明するか、どんな部屋がいいかを明確にすればいいのです。明らかにひどい部屋に通された時には、

### もっといい部屋はありませんか。
**Do you have any better room?**
ドゥ ユー ハヴ エニィ ベタァ ルーム

といってみましょう。そして、ほかに適当な部屋が空いているとわかったら、

## その部屋を見せてくれませんか。
### Will you let me see the room?
ウィル ユー レッミー スィー ザ ルーム

といって、見せてもらうと安心です。案内された部屋が合格点に達していたら、

## この部屋でいいです。
### This room will do.
ディス ルーム ウィル ドゥ

と伝えます。ホテル側の好意でいい部屋を確保してくれた場合には、笑顔で Thank you. といって、感謝の気持ちを表現するのを忘れないようにしましょう。

### ❗ こんな場面・こんなフレーズ

## 海の見える部屋がいいのですが。
### I'd like a room with an ocean view.
アイド ライクァ ルーム ウィズ アン オウシャン ヴュー

　ビーチリゾートなどで使える表現です。

## 隣の部屋の人がとてもうるさいのです。
### The people next door are very noisy.
ザ ピープォ ネクスト ドア アー ヴェリィ ノイズィ

　うるさくて眠れない時などには、フロントにこういって注意してもらいましょう。

---

### ◆ ホテルワンポイント ◆

　宿泊料金は部屋のタイプによって異なりますが、同じ料金の部屋でも、やはり違いがあるものです。特にシーズンオフであれば、特別な配慮をしてくれることもあるので、フロントか案内してくれたベルボーイに希望を伝えましょう。いばった態度を取るのではなく堂々と、しかも丁寧に頼むのがポイントです。

## チップをスマートに渡す

### ありがとう。これは気持ちです。
**Thank you. This is for you.**
サンキュー ディス イズ フォ ユー

　荷物を運んでくれたポーターなどには、こういいながら、チップを渡すといいでしょう。

　恩着せがましくしたり、コソコソしたりするのはおかしなものです。お金自体は、すみやかに相手に渡したほうがスマートですが、にこやかに礼をいい、自然にふるまえばいいのです。

　Thank you. に続けて、もっと直接的に、

### チップです。
**Here is your tip.**
ヒアリズ ユア ティップ

という方法もあります。日本語ではチップといいますが、そのまま発音すると、ポテトチップの chip に聞こえるので、注意しましょう。

　また、コンシェルジェに特別な手配などを頼んだ場合には、手間に応じたチップを渡し、

### 本当にありがとう。力を貸してくれて感謝します。
**Thank you very much. I appreciate your help.**
サンキュー ヴェリィ マッチ アイ アプリィシエイト ユア ヘルプ

というように、感謝の気持ちを伝えるといいでしょう。

ホテル **49**

### こんな場面・こんなフレーズ

## どうもありがとう。
**Thanks a lot.**
サンクス ア ロット

## 手を貸してくれてありがとう。
**Thank you for your help.**
サンキュー フォ ユア ヘルプ

### ◆ ホテルワンポイント ◆

　チップの相場はわかりにくいので、アメリカを例として、およその目安を挙げてみましょう。まず、飲食関係では、課税前の合計金額の10～15％程度が相場です。勘定といっしょにテーブルに置けば、それでＯＫです。すばらしいサービスには、その分だけ上乗せします。一方、ポーターには、荷物1個につき1ドル程度、ドアマンにタクシーを呼んでもらった場合も、1ドル程度が目安です。部屋の掃除をしてくれるメイドにも、1日1ドル程度を置くといいでしょう。また、駐車場から車を出してもらった時にも、やはり1ドル程度を渡します。ちなみに、タクシー運転手に対してや美容院などでも、目安は料金の10～15％です。ただし、いずれの場合も、1セント銅貨をジャラジャラ渡すのは失礼になりますので、気をつけましょう。

## ● ルームサービスを頼む ●

### ルームサービスをお願いします。
**I'd like to order room service.**
アイド ライク トゥ オーダァ ルーム サーヴィス

　ルームサービスを利用する時には、内線電話を使ってこのようにいいます。近代的なホテルでは、どの部屋からかけているかわかるシステムになっていますが、念のため、

### 123号室です。
**This is room 123.**
ディス イズ ルーム ワントゥスリー

と、部屋番号を伝えるといいでしょう。先方から、**Your room number, please.**（部屋番号をお願いします）と聞かれることもあります。続けて、

### コーヒーをポットで持ってきてください。
**Please bring me a pot of coffee.**
プリーズ ブリング ミー ア パット オブ カフィ

と注文します。何を頼むか決めてあれば、このようにいうだけでいいので、特に難しくないはずです。

　また、ルームサービス専用の内線にかけた場合には、

### 朝食を2人分お願いします。
**I'd like to order two breakfasts.**
アイド ライク トゥ オーダァ トゥ ブレックファスツ

というように、はじめから注文するものを挙げてもいいでしょう。注文の際には、数を正確に伝えるように、気をつけてください。

　ルームサービスの料金は、チェックアウト時に宿泊料と

合わせて支払うのがふつうです。頼んだものが運ばれてきたら、伝票に間違いがないかどうか確認し、サインをするだけでOKです。支払い方法に不安があれば、注文する時に、

## 部屋につけておいてください。
**Please charge it to my room.**
プリーズ チャージ イットゥ マイ ルーム

と、念をおしておけばいいでしょう。

### ❗ こんな場面・こんなフレーズ

## できるだけ早くしてください。
**As soon as possible, please.**
アズ スーナズ パッスィボゥ プリーズ

早く持ってきてもらいたい場合に使います。

## 料金は部屋につけておいていただけますか。
**Could you add the cost to my room bill?**
クジュー アドゥ ザ コスト トゥ マイ ルーム ビル

## 食器を片づけていただけますか。
**Could you take these dishes away?**
クジュー テイク ディーズ ディッシュイズ アウェイ

---

### ◆ ホテルワンポイント ◆

　ルームサービスの内線番号は、電話の周辺やホテルの案内書に表示されており、また、メニューも室内に用意されています。専用番号か、フロントにかけるのがふつうです。朝食などは込み合うので、前日のうちに、時間指定で頼んでおくといいでしょう。また、ホテル内のレストランで食事をしたり、プールサイドで飲み物を頼んだりした場合にも、ルームサービス同様、その都度支払いをする必要はありません。部屋番号を伝え、伝票にサインするだけで、さまざまな施設が利用できます。

## ドアのノックに答える

### どなたですか。
### Who is it?
フゥ イズィッ

　室内にいる時にノックの音が聞こえたら、ドアを閉めたまま、大きな声でこうたずねましょう。どんなに高級なホテルでも、防犯対策は必要です。相手を確認する前に、ドアを開けてはいけません。ルームサービスであれば、

### ルームサービスです。
### Room service.
ルーム サーヴィス

という答えが返ってくるでしょう。何か注文していた場合には、のぞき穴で姿を確かめてからドアを開け、

### どうぞ入ってください。
### Come in, please.
カム イン プリーズ

と、室内に招き入れます。

　何も注文していないのに人がきたという場合には、

### 何も頼んでいません。
### We didn't order anything.
ウィ ディドゥント オーダァ エニィスィング

と、ドアを閉めたままで答えます。部屋を間違えた客か、あるいは、ルームサービスを装った強盗かもしれません。

　また、相手は何かの修理できたとか、頼まれたものを持ってきた、などと答えるかもしれませんが、その場合には、心当たりがなければ、

## 部屋を間違えています。
### You must have the wrong room.
ユー マスト ハヴ ザ ロング ルーム

といって、絶対にドアは開けないことです。制服らしきものを着ていても、本物の従業員とは限りません。怪しいと思ったら、必ずフロントに電話を入れて、確認をとってからドアを開けるように注意しましょう。

> **こんな場面・こんなフレーズ**

## いったい何の用だ。
### What do you want?
ワァッ ドゥ ユー ウォント

明らかに不審人物であれば、強い調子でこう聞きます。

## 押し入ろうとしている人がいます。
### Someone is trying to break in!
サムワン イズ トゥライング トゥ ブレイク イン

相手がドアをたたき続けるなどしていて危険を感じたら、すぐにフロントに電話して、助けを求めましょう。

## モーニングコールを頼む

### モーニングコールをお願いしたいんですが。
**I'd like a wake-up call, please.**
アイド ライクァ ウェイカップ コール プリーズ

　モーニングコールを頼みたい場合には、フロントに内線電話をかければOK。その際には、wake-up call という言葉を使って頼みます。こう切り出してから、

### 101号室です。
**This is room 101.**
ディス イズ ルーム ワンオゥワン

と、部屋番号を伝えましょう。すると、フロントは、

### 何時にしますか。
**What time?**
ワッタイム

と、予想どおりの質問をしてきますから、

### 明朝6時にお願いします。
**6 o'clock tomorrow morning, please.**
スィックス アクラック トゥモロウ モーニング プリーズ

というように、時間を指定します。wake-up call は朝とは限りませんから、午前と午後を混同しないように、「明朝」をつけるようにしましょう。
　そして、頼んだ時間にモーニングコールを受けたら、

### かけてくれてありがとう。
**Thank you for calling.**
サンキュー フォ コーリング

と、お礼をいいましょう。何もいわずに切ると、心配して

もう一度かけてくるかもしれません。

また、ホテルの部屋には、目覚まし時計がたいてい設置されています。使い方がわからなかったら、

**目覚まし時計をどうセットするのか教えてください。**
**Could you tell me how to set the alarm?**
クジュー テル ミー ハウ トゥ セット ズィ アラーム

と質問します。ただし、電話で説明を聞き取るのは難しいので、はじめに部屋に案内された時に、部屋の設備の説明をきちんと受けるように心がけておきましょう。

### ❗ こんな場面・こんなフレーズ

**午前7時に起こしていただけますか。**
**Could you wake me up at 7 a.m.?**
クジュー ウェイク ミー アップ アッ セヴン エイエム

はじめから時間を指定して頼む方法です。

**部屋の目覚まし時計は壊れています。**
**The alarm in my room doesn't work.**
ズィ アラーム イン マイ ルーム ダズント ワーク

目覚まし時計が壊れている場合には、こういってモーニングコールを頼むといいでしょう。

### ◆ ホテルワンポイント ◆

海外では時差の関係もあり、目覚まし時計なしで起きるのは難しいもの。朝早く出発する場合などには、フロントにモーニングコールを頼んでおくと安心です。最近では、時間になるとベルが鳴り、テープが流れる自動設定システムを備えたホテルも増えています。

## 貴重品を預ける

### セイフティボックスを利用したいのですが。
**I'd like to use a safety box.**
アイド ライク トゥ ユーズ ア セイフティ バックス

　パスポートや航空券、現金などの貴重品は、金庫に入れておきましょう。部屋に小型金庫が設置されていない場合には、フロントのそばの cashier（会計）と表示されたところへ行き、上記のようにたずねます。

### この用紙に記入していただけますか。
**Could you fill in this form?**
クジュー フィル イン ディス フォーム

と、用紙が差し出されるので、必要事項を書き込みます。次に、セイフティボックスを開けてくれるので、貴重品を入れて、鍵を受け取ります。

　さて、ホテルに滞在している間に中身を取り出したい場合には、鍵を持って行き、

### セイフティボックスを持ってきてもらえますか。
**Could I have my safety box?**
クダイ ハヴ マイ セイフティ バックス

といいます。出し入れは自由ですから、必要に応じて、遠慮せずに頼むといいでしょう。

　また、チェックアウトする際には、セイフティボックスを管理しているところで支払いをしますから、

### 貴重品を引き取りたいのですが。
**I'd like to pick up my valuables.**
アイド ライク トゥ ピック アップ マイ ヴァリュアボゥズ

と伝えれば、チェックアウトすることがわかります。中身をすべて取り出して確認したら、Thank you. といって、鍵を返却しましょう。鍵を紛失すると弁償しなければならないので、大切に保管するように注意してください。

### こんな場面・こんなフレーズ

## 貴重品を預かってくれますか。
### Can I check my valuables with you?
キャナイ チェック マイ ヴァリュアボッズ ウィズ ユー

ホテルのシステムがわからなければ、こう聞きましょう。

## これらを預けたいのですが。
### I'd like to deposit these things.
アイド ライク トゥ ディポズィット ズィーズ スィングズ

預けるものを見せながら使う表現です。

## セイフティボックスの鍵をなくしました。
### I lost the safety box key.
アイ ロスト ザ セイフティ バックス キー

万一鍵を紛失したら、こういってすぐに報告します。

## クリーニングを頼む

### 洗濯物があります。
### I have some laundry.
アイ ハヴ サム ローンドリィ

　洋服をクリーニングに出したい時は、ホテルの laundry service（ランドリーサービス）を利用しましょう。クローゼットなどに、専用の袋と注文用紙が用意されています。そこに、料金や仕上がり日といった説明がありますが、内線電話で上記のように伝え、そのあとに続けて、

### 取りにきてくれませんか。
### Could you pick them up now?
クジュー ピック ゼム アップ ナウ

と頼んでおくと確実です。仕上がり日についても、依頼する時間帯や曜日によって異なるなど、わかりにくいこともありますから、電話をかけた時に、

### いつ仕上がりますか。
### When will it be ready?
ウェン ウィル イッ ビィ レディ

と確かめておくといいでしょう。急ぐ場合には、割高にはなりますが、express service（エキスプレスサービス）を頼むこともできます。

　いつまでに届けてほしいと指定するなら、

### 9時までに届けてくれますか。
### Could you deliver it by 9 o'clock.
クジュー ディリヴァ イッ バイ ナイン アクラック

というように、明確に希望を伝えます。

また、高級レストランに出かける予定があるのに、着ていく服がシワになってしまったという時には、

## 服にアイロンをかけてほしいのですが。
**I'd like to have my clothes pressed.**
アイド ライク トゥ ハヴ マイ クロウズ プレスト

と、アイロンがけだけを頼むこともできます。

### ❗ こんな場面・こんなフレーズ

## 洋服をドライクリーニングしてほしいのですが。
**I'd like to have my clothes dry-cleaned.**
アイド ライク トゥ ハヴ マイ クロウズ ドゥライクリーンド

「ドライクリーニング」を強調したい時にはこういいます。

## 明日必要なのです。
**I need them tomorrow.**
アイ ニード ゼム トゥモロウ

仕上がりの希望を伝える時に使える簡単な表現です。

## この近くにコインランドリーはありますか。
**Is there a Laundromat near here?**
イズ ゼアラ ローンドゥラマット ニア ヒア

節約してコインランドリーを利用する時に使います。

## 急いでいるのです。
**I'm in a hurry.**
アイム インナ ハリィ

---

### ◆ ホテルワンポイント ◆

注文用紙には、どんな服を何点出すかという明細や、水洗い(wash)、ドライクリーニング (dry-cleaning)、アイロンがけ (press) などの指定をします。また、長期滞在向きのエコノミーな宿には、コインランドリーを設置しているところもあります。

## ホテルの施設を利用する

### ここにはどんな施設がありますか。
### What kind of facilities do you have?
ワッカインドブ ファスィリティズ ドゥ ユー ハヴ

　高級ホテルに宿泊する場合などには、このように質問し、積極的に施設を利用しましょう。スポーツ好きなら、プールやテニスコート、スカッシュコート、ジムなどがあるかどうか、チェックしてみるといいでしょう。

　たとえば、スカッシュをしたいなら、

### スカッシュをしたいのです。
### We'd like to play squash.
ウィド ライク トゥ プレイ スクワッシュ

というように伝えればいいでしょう。そして、用具は当然持ってきていないはずですから、

### 用具を借りることは可能ですか。
### Is it possible to rent equipment?
イズィッ パッスィボゥ トゥ レント イクイップメント

と質問します。答えが Yes であれば、貸し出し料金について、**How much does it cost?**（いくらかかりますか）とたずねておくと安心です。これも部屋につけておき、チェックアウトの際に精算すれば、面倒がありません。

　また、開いている時間帯を知りたいなら、

### 開いている時間を教えてください。
### What is the opening hours?
ワァッティズ ズィ オゥプニング アゥワズ

というように聞くことができます。

## こんな場面・こんなフレーズ

**ジムはありますか。**
**Do you have a gym ?**
ドゥ ユー ハヴァ ジム

**ジェットスキーに挑戦してみたいのですが。**
**I'd like to try out Jetski.**
アイド ライク トゥ トゥライ アウト ジェットゥスキー

### ホテルワンポイント

シティホテルでも、スポーツ施設を備えているところは多くあります。一方、ビーチリゾートでは、マリンスポーツ関係の施設が期待できます。特に利用したい施設がある場合には、予約の際に確認しておくといいでしょう。また、スポーツ関係以外にも、美容院、スパ（spas・エステが受けられる）、ショップ、ビデオレンタル、子供のプレイルームなど、さまざまな施設を期待することができます。町を忙しく歩きまわるばかりでなく、ホテルで優雅に過ごす時間を考えるのもまたいいでしょう。

## 日本に国際電話をかける

### 日本の東京に国際電話をかけたいのですが。
I'd like to make an international call to Tokyo, Japan.
アイド ライク トゥ メイク アン インタナショナル コール トゥ トウキョウ ジャパン

　日本に国際電話をかけるには、ホテルのオペレーターを通さなければならないことがあります。その場合には、オペレーターを呼ぶ内線番号をおしてこのように伝えます。

### 電話番号をお願いします。
May I have the number, please?
メアイ ハヴ ザ ナンバァ プリーズ

とオペレーターから聞かれたら、

### 番号は、03-3123-1234です。
The number is area code 3, 3123-1234.
ザ ナンバァ イズ エァリア コウド スリー スリーワントゥスリー ワントゥスリーフォー

という要領で答えます。市外局番の最初の０は省きます。

　近代的なホテルでは、国際電話も直接ダイヤルできますが、コレクトコールにするなら、国際電話会社のオペレーターと話す必要があります。ホテルのオペレーターを通す場合でも、コレクトコールにしたい時には、

### コレクトコールをお願いしたいのですが。
I'd like to make a collect call, please.
アイド ライク トゥ メイカ カレクト コール プリーズ

と伝えましょう。このやりとりのあと、オペレーターから、

### お待ちください。
Hold on, please.
ホゥルド オン プリーズ

といわれたら、切らずにそのまま待ちます。

電話代は、宿泊費とともに、チェックアウトの時に精算します。一方、国際電話会社のオペレーターを通して、クレジットカードで支払うようにする場合には、

## クレジットカードで支払いたいのですが。
**I'd like to charge this to my credit card.**
アイド ライク トゥ チャージ ディス トゥ マイ クレディット カード

といって、カード会社の名前と番号を伝えます。

### ❗ こんな場面・こんなフレーズ

## 日本の国番号はいくつですか。
**What is the international code for Japan?**
ワッティズ ズィ インタァナショナル コウド フォ ジャパン

　直接ダイヤルするには、国番号が必要です。

## 国際電話のオペレーターをお願いします。
**Give me the international operator, please.**
ギヴ ミー ズィ インタァナショナル アペレイタァ プリーズ

## 失礼ですが、間違い電話です。
**Sorry, wrong number.**
ソォリィ ロング ナンバァ

---

### ◆ ホテルワンポイント ◆

　ホテルの部屋から電話をかけると、多くの場合、手数料や税金がかかって割高になります。日本でコーリングカードを用意していき、公衆電話からかける方法や、日本の国際電話会社のオペレーターを直接呼び出して、日本語のみですませる方法などもあるので、出発前にチェックしておきましょう。

## 宿泊を延長する

### もう１泊したいのですが。
**I'd like to stay one more night, please.**
アイド ライク トゥ ステイ ワン モア ナイト プリーズ

　自由気ままな旅では、気に入った町やホテルでの滞在を延ばしたいこともあるでしょう。体調不良などの事情で、身動きがとれなくなることも考えられます。そんな場合には、上記の要領で、フロントに変更を申し出ましょう。

　混雑するシーズンでは、

### あいにく満室です。
**I'm sorry, but we have no vacancy.**
アイム ソォリィ バッ ウィ ハヴ ノー ヴェイカンスィ

と、断られる可能性もあります。延長する場合には、できるだけ早く部屋をおさえるようにしたいものです。

　また、同じタイプの部屋は満室でも、

### デラックスルームにだけ空きがあります。
**Just deluxe rooms are available.**
ジャスト デラックス ルームズ アー アヴェイラボゥ

といった答えが返ってくるかもしれません。希望以外のタイプの部屋であれば、空きがあるということです。その場合には、当然料金が異なりますから、

### 料金はいくらですか。
**How much is the charge?**
ハウ マッチ イズ ザ チャージ

と、必ず先に確かめてから決めるようにしましょう。

　満室で空きがない時や、空いている部屋は高額すぎて希

望に合わない時も、あきらめてその場を立ち去ることはありません。

## この近くのほかのホテルを教えてください。
### Could you suggest another hotel near here?
クジュー サジェスト アナザァ ホゥテル ニア ヒア

などと頼んで、ほかのホテルを見つける手助けをしてもらいましょう。自力でさがすよりも、効率よく、条件に合った部屋を確保できるはずです。

### ❗ こんな場面・こんなフレーズ

## あと 2 日、宿泊を延長できますか。
### Could you extend my stay two more nights?
クジュー イクステンド マイ ステイ トゥ モア ナイツ

## どのくらい宿泊なさいますか。
### How long would you like to stay?
ハウ ロング ウジュー ライク トゥ ステイ

## 部屋はすべて予約ずみです。
### All our rooms are taken.
オール アゥワ ルームズ アー テイクン

## チェックアウト

### チェックアウトします。
### I'm checking out.
アイム チェッキング アウト

　ホテル滞在のしめくくりはチェックアウト。cashier（会計）のところへ行き、部屋の鍵を返却しながら、このように伝えればOKです。支払い方法については、ふつうはチェックインの時に確認されますが、

### お支払いはどのようになさいますか。
### How would you like to pay?
ハウ ウジュー ライク トゥ ペイ

と、再度聞かれるかもしれません。クレジットカードで支払うなら、使用するカードを渡します。トラベラーズチェックが使えるかどうか知りたい場合には、

### トラベラーズチェックで支払えますか。
### Do you accept traveler's checks?
ドゥ ユー アクセプト トラヴェラーズ チェックス

と聞いてみましょう。ただし、No の答えが返ってきても困るので、この点は前もって確認しておきたいものです。

　また、チェックアウトの時には、施設内での飲食代や利用したサービス料金などを精算します。早い時間帯であれば、その朝の分の請求が届いていないこともありますから、

### ABCレストランで朝食をとりましたか。
### Did you have a breakfast in ABC restaurant?
ディジュー ハヴァ ブレックファスト イン エイビースィ レスタラント

　などと、確認を求められることもあることを覚えておき

ましょう。ミニバーの利用についても同様です。

　請求書を渡されたら、明細をひとつずつチェックしてからサインや支払いをします。ホテルが気に入ったのなら、

## 楽しく過ごせました。ありがとう。
### I enjoyed my stay. Thank you.
アイ　エンジョイド　マイ　ステイ　サンキュー

と、笑顔で気持ちを伝えてから去るようにしましょう。

### こんな場面・こんなフレーズ

## 明朝7時に出発します。
### I'm leaving at 7 o'clock tomorrow morning.
アイム　リーヴィング　アッ　セヴン　アクラック　トゥモロウ　モーニング

## 請求書を用意しておいてください。
### Please have my bill ready.
プリーズ　ハヴ　マイ　ビル　レディ

　朝早く出発する時には、前日にこう頼んでおくとスムーズにいきます。

## チェックアウトするので、ポーターをよこしてください。
### I'm checking out. Please send a porter.
アイム　チェッキング　アウト　プリーズ　センドァ　ポータァ

　混雑する時間帯にチェックアウトする場合には、特に早めに頼んでおきましょう。

---

### ◆　ホ　テ　ル　ワ　ン　ポ　イ　ン　ト　◆

　チェックアウトの時間を大幅に過ぎて滞在すると、超過料金を請求されますから、あらかじめ確かめておくようにしましょう。支払いには、クレジットカードが便利ですが、トラベラーズチェックが使えるホテルも多くなっています。

## 予約したのに部屋がとれていない

### もう一度チェックしてください。
Could you check again?
クジュー チェック アゲイン

　予約したホテルでチェックインしようとしたら、名前が見当たらないといわれた……。残念なことに、これは時として起こるトラブルです。まずは冷静に、そして断固として、上記のように要求しましょう。それでも、

### 申し訳ありませんが、予約は入っていません。
Sorry, but we don't have your reservation.
ソォリィ バッ ウィ ドン ハヴ ユア レザヴェイション

といわれるかもしれません。そんな時でも、あきらめてはいけません。日本人の名前はわかりにくいので、相手が確認してこなければ、自分からフルネームを紙に書いて渡してもいいでしょう。そして、

### 東京で予約しました。
We made the booking in Tokyo.
ウィ メイド ザ ブッキン イン トウキョウ

　などと、予約した状況を伝えるようにします。手元に予約確認書（confirmation slip）がない場合でも、予約時には確認番号をもらっているはずなので、

### ここに確認番号があります。
Here's my confirmation number.
ヒアズ マイ コンファメイション ナンバァ

といって、それを書き留めたものを見せます。こうした証拠があれば、ホテル側の手違いで予約が取れていなくても、

ほかの部屋を確保してくれるはずです。スムーズな対応が得られなかったり、希望したタイプの部屋がすでに埋まっているといわれたりしたら、

## ほかの部屋でいいですから。
### I could take another room.
アイ クッド テイク アナザァ ルーム

といって、部屋を手配するように促します。不幸にして満室といわれた場合には、

## 別のホテルを紹介してくれますか。
### Would you recommend some other hotels?
ウジュー レカメンド サム アザァ ホゥテルズ

と要求しましょう。たとえ担当者の対応が悪かったとしても、弱気になってあきらめたりしないこと。解決策が見つかるまで、その場を離れないしぶとさが大切です。

❗ **こんな場面・こんなフレーズ**

## Aトラベルを通して予約しました。
### My reservation was made through A Travel.
マイ レザヴェイション ワズ メイド スルー エイ トラヴェル

　旅行会社を通じて予約した場合には、そのことをこのように伝えます。

---

### ◆　　ホテルワンポイント　　◆

　予約確認書や確認番号は、予約を入れたという確かな証拠。ホテル側の手違いであると証明し、すみやかな対応を求めることができるものです。また、旅行会社に手配を依頼した場合には、そちらに連絡をとって確認してもらうこともできます。ホテル側が渋っているようなら、自分で電話をして事情を話してみるといいでしょう。

## 部屋に鍵を置き忘れた

### (鍵を忘れて)部屋に入れません。
**I'm locked out.**
アイム ロックトゥ アウト

　客室のドアは、一般的にオートロックです。鍵を忘れて外出し、部屋に入れなくなってしまった時には、このお決まりの表現を使って助けを求め、鍵をあけてもらいます。フロントでは、防犯上、宿泊客本人であるかどうか確認するので、部屋番号と名前をきちんと伝えましょう。

　次に、苦情のいい方を考えてみましょう。

### お湯が出ません。
**There is no hot water.**
ゼアリズ ノー ハット ウォータァ

　お湯が出ないというのは、よくあるトラブルです。すぐにフロントに電話をして、こういいましょう。

　トイレで用を足したあと、水が流れないという場合には、

### トイレの水が流れません。
**The toilet doesn't flush.**
ザ トイレット ダズント フラッシュ

といいます。

　また、エアコンの調子が悪い時には、

### エアコンがききません。
**The air conditioner doesn't work.**
ズィ エア コンディショナァ ダズント ワーク

と表現します。テレビ(TV)や電話(telephone)が故障している場合にも、主語をかえていえばOKです。

相手の対応が鈍い時や一刻も早く直してほしい時には、

## すぐに直してください。
**Please fix it as soon as possible.**
プリーズ フィックス イッ アズ スーナズ パッシィボゥ

といって、急がせるといいでしょう。

また、電話で使い方を長々と説明された時には、話が込み入るばかりなので、

## 誰か人をよこしてください。
**Please send someone up to help me.**
プリーズ センド サムワン アップ トゥ ヘルプ ミー

と頼むといいでしょう。

### ❗ こんな場面・こんなフレーズ

**鍵を部屋に置き忘れました。**
**I left my key in my room.**
アイ レフト マイ キー イン マイ ルーム

**使い方がわかりません。**
**I don't know how to use it.**
アイ ドン ノウ ハウ トゥ ユーズ イッ

**トイレの水が止まりません。**
**The toilet won't stop running.**
ザ トイレット ウォウント スタップ ラニング

**電気(電球)が切れています。**
**The light is out.**
ザ ライト イズ アウト

**石けんがありません。**
**There is no soap.**
ゼアリズ ノー ソウプ

## 請求書に間違いがある

### これは何の料金ですか。
### What's this charge for?
ワッツ ディス チャージ フォ

　高級ホテルだからといって、請求書（bill）に間違いがないとは限りません。チェックアウトの際には、明細をひと項目ずつ確認しましょう。よくわからないものがあれば、上記のように質問します。

　説明を聞いて納得できればいいのですが、たとえば、利用していないレストランの料金が含まれている場合、

### レストランは使っていません。
### I haven't used any restaurants.
アイ ハヴント ユーズド エニィ レスタランツ

というように抗議します。

　ほかの客が、間違った部屋番号を伝えたために請求されてしまっている、というケースもあるので、

### これは、ほかの人のではないですか。
### Isn't this for somebody else?
イズント ディス フォ サムバディ エルス

と確認を求める方法も効果があるはずです。

　一方、一度も電話をかけていないのに、電話代が含まれているという場合には、

### 電話はかけていません。
### I didn't make any phone calls.
アイ ディドゥント メイク エニィ フォウン コールズ

といって、調べてもらいましょう。

ホテル 73

また、万一、明細書なしに合計額を請求されたら、

## 明細書をくださいますか。
### Could you give me an itemized bill?
クジュー ギヴ ミー アン アイテマイズド ビル

と頼むこと。サインや支払いをすませてしまうと、すべて了承したことになるので、その前に明細を確認するように心がけましょう。

### ❗ こんな場面・こんなフレーズ

**請求書に間違いがあります。**
**There is a mistake in this bill.**
ゼアリズ ア ミステイク イン ディス ビル

**これは私のサインとは違います。**
**This is not my signature.**
ディス イズ ノット マイ スィグナチャ

**これは私の請求書ではありません。**
**This bill is not mine.**
ディス ビル イズ ノット マイン

## 帰国便の予約を再確認

### 予約の再確認をお願いします。
I'd like to reconfirm my flight.
アイド ライク トゥ リコンファーム マイ フライト

　帰国便や次に利用する便の予約の再確認をする時には、航空会社に電話を入れて、このように切り出します。難しく考えてしまいがちのようですが、質問と答えはあらかじめ決まっているので、リラックスして臨みましょう。

　電話に答えた担当者は、

### お名前と便名をお願いします。
Your name and flight number, please.
ユア ネイム アン フライト ナンバァ プリーズ

などと質問してきます。まずは、

### 山田太郎です。
My name is Taro Yamada.
マイ ネイム イズ タロウ ヤマダ

と名前をいい、T-A-R-O, Y-A-M-A-D-A.（ティエイアールオウ　ワイエイエムエイディエイ）と、スペルを続けていったほうが確実でしょう。それから、

### 5月2日のA3便、東京行きです。
My flight number is A3 for Tokyo on May 2nd.
マイ フライト ナンバァ イズ エイスリー フォ トウキョウ オン メイ セカンド

というように、便名と目的地、日付を伝えます。

　違った言い回しで質問されたとしても、伝えるべき内容が、名前と便名、目的地、日付であることにかわりはありません。自信がない場合には、すべて書き出しておき、読

み上げるようにするといいでしょう。

### ❗ こんな場面・こんなフレーズ

## 2名分の予約の再確認をしたいのですが。
### I'd like to reconfirm two people's flights.
アイド ライク トゥ リコンファーム トゥ ピープォズ フライツ

同行者の分も、同時に再確認できます。

## 座席の指定をしたいのですが。
### Could I get my seat assignment now?
クダイ ゲット マイ スィート アサインメント ナウ

## 予約の再確認が必要ですか。
### Do I need to reconfirm my reservation?
ドゥ アイ ニード トゥ リコンファーム マイ レザヴェイション

---

### ◆ 予約再確認ワンポイント ◆

　帰国便の予約の再確認は、出発の72時間前までにすませること。忘れていると、予約が取り消されたり変更されたりする可能性があります。現地での航空会社の連絡先は、出発前に、チケットを購入した旅行会社などで確認しておきましょう。

## 出発まで部屋を使用したい

### 午後3時まで滞在したいのですが。
**Could I stay till 3 p.m.?**
クダイ ステイ ティル スリー ピーエム

　ホテルのチェックアウトの時間は、ふつうは昼の12時頃までと決まっていますが、旅行の計画がそれに合うとは限りません。たとえば、夕方や夜の飛行機に乗る場合には、出発まで客室を使いたいということもあります。そんな時には、上記の要領でフロントに聞いてみるといいでしょう。

　返ってくる答えは、

### 50％の追加料金がかかります。
**There'll be additional 50 percent charge.**
ゼアル ビィ アディショナル フィフティ パーセント チャージ

といったものが予想されます。チェックアウトの時間を過ぎてから客室を利用するには、一般的に宿泊料金の50％程度の追加料金がかかるのです。その程度ならかまわないと思った場合でも、あらかじめ、

### それはいくらになりますか。
**How much will it be?**
ハウ マッチ ウィル イッ ビィ

と聞いておきましょう。日本の旅行会社を通じて予約していた場合などでは、正確な金額がつかみにくく、あとで「高い！」と驚くことになりかねません。

　一方、次の予約がすでに入っている時には、延長利用の希望は断られることになります。

　追加料金を節約したい場合や延長が不可能な場合には、

## 午後3時まで荷物を預かってもらえませんか。
**Could you keep my baggage till 3 p.m.?**
クジュー キープ マイ バギジ ティル スリー ピーエム

というように頼んで、荷物だけでも預けておくといいでしょう。スーツケースなどがなければ、身軽に食事や買い物に出かけられます。

　こうした荷物を取り扱うのは、ベルデスクです。

## こちらが引換証です。
**This is your baggage ticket.**
ディス イズ ユア バギジ ティケット

といって引換証を渡されるので、大切に保管しましょう。

### ❗ こんな場面・こんなフレーズ

## 部屋は何時まで使えますか。
**Until what time can I use my room?**
アンティル ワッタイム キャナイ ユーズ マイ ルーム

## 次の空港への送迎バスは何時に出ますか。
**What time does the next airport bus leave?**
ワッタイム ダズ ザ ネクスト エアポート バス リーヴ

## 何時に出発なさいますか。
**At what time are you departing?**
アット ワッタイム アー ユー ディパーティング

---

### ◆ ホテルワンポイント ◆

　チェックアウトの時間を過ぎての滞在には、宿泊料金の半額程度の追加料金がかかり、午後6時を過ぎる場合には、1泊分を請求されるのがふつうです。希望は早めに伝えるようにしましょう。また、荷物を預ける場合には、チップを渡すのがマナーです。

## COLUMN

# Thank you. ときちんといおう

　レストランや店で Thank you. をいうのは、従業員のほうだと思い込んではいませんか。

　たしかに、日本で「ありがとうございました」というのは店員ですが、欧米では、サービスを提供する人に、客が Thank you. というのが礼儀です。

　たとえば、Would you like something to drink ?（何かお飲みになりますか）と聞かれて、「けっこうです」と断る時にも、No, thank you. と、thank you をつけて答えます。そこには、いらないけれど勧めてくれてありがとうという意味があるのです。

　生活全般においても、人から何かしてもらったら、必ず Thank you. と、感謝の気持ちを伝えましょう。たとえば、前を歩く人がドアをおさえていてくれたら、それを引き継ぎながら Thank you. といいます。エレベーターのドアをおさえてくれた時、鉢合わせになって先を譲ってくれた時なども同じです。

　また、誰かにほめられたときにも、謙遜して否定するのではなく、Thank you. と答えます。

　このように、Thank you. をいえない人は、しつけも礼儀もなっていないと見なされます。「無礼な日本人」のレッテルを貼られないようにしましょう。

# 移動

## 行きたいところに自由自在

### 3章

## ● タクシー乗り場をたずねる ●

### タクシー乗り場はどこですか。
**Where is the taxi stand?**
ウェアリズ ザ タクスィ スタンド

　空港からホテルまでタクシーに乗りたい時には、近くの従業員にこのように聞いて、タクシー乗り場へ向かいます。
　海外では、日本の都市のように、流しのタクシーがつかまるところは、あまりありません。買い物などの帰りにも、タクシー乗り場まで行く必要が出てくるでしょう。

### タクシー乗り場に行くには、この方角でいいのですか。
**Is this the right way to the taxi stand?**
イズ ディス ザ ライト ウェイ トゥ ザ タクスィ スタンド

　矢印の指示や誰かの道案内どおりに進んでいて、途中で不安になった場合には、こう質問するといいでしょう。
　また、流しのタクシーがつかまるかどうかもわからない状況では、訪れたところを出る前に、

### ここではタクシーが拾えますか。
**Can I get a taxi here?**
キャナイ ゲッタ タクスィ ヒア

と聞いておくと安心です。ショッピングセンターなどでは、タクシー乗り場が設置されていることもあり、そうした情報も得られるでしょう。
　一方、ホテルからどこかに移動する場合なら、

### タクシーを呼んでもらえますか。
**Could you call a taxi for me?**
クジュー コールァ タクスィ フォ ミー

と、ドアマンなどに伝えます。ただし、いつも表で車が待機しているとは限りません。待ち時間が必要なことも多いので、空港まで利用する場合などには、早めに手配しておくようにしましょう。

### ❗ こんな場面・こんなフレーズ

## どこでタクシーを拾えますか。
### Where can I catch a taxi?
ウェア キャナイ キャッチァ タクスィ

　タクシー乗り場をさがす場合でも、流しのタクシーを拾いたい場合でも、両方に使える聞き方です。

## 午前9時にタクシーを呼んでもらえますか。
### Could you call a taxi at 9 a.m.?
クジュー コールァ タクスィ アッ ナイン エイエム

　ホテルで、前日のうちに手配を頼む方法です。

## ABCビルまでタクシーをお願いします。
### Could you send a taxi to ABC Building?
クジュー センドァ タクスィ トゥ エイビースィ ビルディング

　タクシー会社に電話をかけて呼ぶ時には、こういいます。

## 運転手に行き先を告げる

### ABCホテルまでお願いします。
**Could you take me to ABC Hotel?**
クジュー テイク ミー トゥ エイビースィ ホゥテル

　タクシーの運転手に行き先を告げる時には、このように表現します。先に自分からこういえば、それですみますが、手間取っていると、

### どちらまで。
**Where to?**
ウェア トゥ

　などと聞かれます。その時も、はじめのフレーズのように答えればいいわけです。行き先を告げて、あとにpleaseをつけるだけでもOKです。

　もしも、運転手が行き先を知らなかった場合、また、小さな店や個人の家を訪ねる場合などには、

### この住所までお願いします。
**Take me to this address, please.**
テイク ミー トゥ ディス アドレス プリーズ

といいながら、住所を書いた紙を渡すといいでしょう。
　そして、料金について不安がある時には、

### 料金はいくらくらいになりますか。
**About how much will it cost?**
アバウト ハウ マッチ ウィル イッ コスト

と聞いてみましょう。地域や状況によっては、乗り込む前に料金の確認や交渉をしたほうがいい場合もあります。
　また、急いでいる時や、距離感がつかめない時には、

移動 **83**

## どれくらい時間がかかりますか。
**How long will it take?**
ハウ ロング ウィル イッ テイク

と質問するといいでしょう。

### ❗ こんな場面・こんなフレーズ

**このスーツケースをトランクに入れてもらえませんか。**
**Could you put this suitcase in the trunk?**
クジュー プット ディス スートゥケイス イン ザ トランク

**急いでください。**
**Would you hurry, please?**
ウジュー ハリィ プリーズ

**左に曲がってください。**
**Please turn to the left.**
プリーズ ターン トゥ ザ レフト

**ここで止まってください。**
**Stop here, please.**
スタップ ヒア プリーズ

**ここで少し待っていてもらえますか。**
**Could you wait here a moment?**
クジュー ウェイト ヒア ア モメント

---

### ◆ タクシーワンポイント ◆

　タクシーの評判がよくなかったり、"白タク" が多いような地域では、気をつけて利用しましょう。ホテルなどで呼んでもらう時には、料金の目安も確認しておくこと。行き先についても、どう説明すればいいか聞いておくと安心です。また、タクシーのドアは自動式ではないので、自分で開閉して乗り降りします。

## タクシー代を払う

### お釣りはとっておいて。
### Keep the change.
キープ ザ チェインジ

　タクシーの運転手に、チップ（tip）を渡す習慣のある地域では、支払いの時に、そのやりとりをしなければなりません。お釣りの額が、ちょうどチップに相当するくらいの額なら、上記のようにいってお金を渡せば、それだけですみます。

　とはいえ、いつもそう都合よくいくとは限りません。そこで覚えておきたいのが、お釣りの額を指定する方法です。たとえば、アメリカでは、チップは料金の10〜15%が相場。料金が20ドルの場合、30ドルを渡して、

### 7ドルのお釣りをください。
### Seven dollars back, please.
セヴン ダラーズ バック プリーズ

といえば、料金の20ドルに15%相当のチップ3ドルを加えた、総額23ドルを支払うことになります。

　もちろん、計算が難しい時には、いったんお釣りをもらい、それからチップを渡しても何の問題もありません。

　ところが、時として、お金を受け取ったままお釣りを払おうとしない、悪質な運転手に遭遇してしまうことがあります。そんな時には、毅然とした態度で、

### お釣りをください。
### Give me the change, please.
ギヴ ミー ザ チェインジ プリーズ

と要求しましょう。多くの場合、忘れていたふりをして、お釣りを渡してくるものです。

　また、ふだんから、お釣りの額を確かめるようにすることも必要です。受け取ったお釣りが足りないようなら、

## お釣りが違っています。
### It's the wrong change.
イッツ　ザ　ロング　チェインジ

と抗議します。怒鳴りつけたり、怖がったりせず、当然のこととして正々堂々と主張しましょう。

　また、土地に不案内な旅行者をカモにするような、悪質な運転手もいるものです。不当に高い金額をふっかけられたとわかった時には、

## ふっかけてるでしょう。
### You've overcharged!
ユーヴ　オゥヴァーチャージド

といって、正当な料金にすることを求めます。こうしたトラブルを避けるために、不慣れな場所では、はじめにおよその料金を確かめておくといいでしょう。

### ❗ こんな場面・こんなフレーズ

**領収書をください。**
**Could I have a receipt?**
クダイ　ハヴァ　リスィート

**高すぎると思います。**
**I think it's too expensive.**
アイ　スィンク　イッツ　トゥー　イクスペンスィヴ

## 路線図を手に入れる

### バスの路線図をください。
**May I have a bus route map?**
メアイ ハヴァ バス ルート マップ

　海外では、移動手段についての情報収集が大切。地域によって違いますが、多くの場合、経済的で便利なのは、バスや鉄道、地下鉄でしょう。路線図は、ホテルや観光案内所（tourist information office）などに無料で用意されているので、上記のようにいって入手しましょう。

　どこかへ行く方法についてたずねる時には、はじめに、

### ABCセンターへ行きたいのです。
**I'd like to go to ABC Center.**
アイド ライク トゥ ゴゥ トゥ エイビースィ センター

と、場所を明確に伝えると、会話がスムーズに進みます。

　次に、バスと地下鉄のどちらがいいかを聞くなら、

### バスと地下鉄のどちらが速いですか。
**Which is faster, the bus or the subway?**
ウィッチ イズ ファスタァ ザ バス オア ザ サブウェイ

と質問すればいいでしょう。

　一方、長距離の移動で鉄道かバスを利用するなら、発着時刻をチェックする必要があります。この場合も、やはり行き先を明確にした上で、

### 時刻表を見せてもらえますか。
**Could I see the timetable?**
クダイ スィー ザ タイムテイボゥ

と頼むといいでしょう。あまり本数がない時には、

**何時の列車がありますか。**
What time is there a train?
ワァッタイム イズ ゼアラ トレイン
などと聞くこともできます。

### こんな場面・こんなフレーズ

**地下鉄の入り口はどこですか。**
Where is the entrance to the subway?
ウェアリズ ズィ エントランス トゥ ザ サブウェイ

**鉄道の路線図はどこで手に入りますか。**
Where can I get a train map?
ウェア キャナイ ゲッタ トレイン マップ

**ボストン行きのバスは何時に出ますか。**
What time does the bus for Boston leave?
ワァッタイム ダズ ザ バス フォ ボストン リーヴ

**時刻表の見方を教えてください。**
Please tell me how to check the schedule.
プリーズ テル ミー ハウ トゥ チェック ザ スケジュール

## 目的地までの切符を買う

### ニューヨークまでの切符をください。
A ticket to New York, please.
ア ティケット トゥ ニューヨーク プリーズ

　交通機関の切符を買うのは、簡単なこと。枚数と行き先を明確にして、このようにいいましょう。これは、市内を走るものでも、長距離のものでも同じことです。

　アメリカやカナダの長距離の鉄道やバスの場合には、

### 片道ですか、往復ですか。
One-way or round-trip?
ワンウェイ オァ ラウンドトリップ

と聞かれるかもしれません。往復切符が欲しいなら、

### 往復をお願いします。
Round-trip, please.
ラウンドトリップ プリーズ

と答えればOKです。何もいわないと、片道切符を差し出される可能性もあります。こうしたやりとりでは、用件を伝えるのが最優先。正しい文章を組み立てようとしてまごついていると、後ろにならんでいる人も、窓口の人も、いらだってきます。please をつけて、簡単に表現しましょう。

　また、切符売り場がわからない時には、

### 切符はどこで買えますか。
Where can I buy a ticket?
ウェア キャナイ バイ ア ティケット

と、聞いてみましょう。自動券売機の場所をたずねる時で

も、売り場の窓口でたずねる時でも使えます。

### こんな場面・こんなフレーズ

マイアミまでの往復切符を2枚ください。
**Two round-trip tickets to Miami, please.**
トゥ ラウンドトリップ ティケッツ トゥ マイアミ プリーズ

この切符は払い戻しできますか。
**Can I cancel this ticket?**
キャナイ キャンスゥ ディス ティケット

### 交通ワンポイント

　片道切符・往復切符を表わす言葉は、国によって違います。イギリスでは、single ticket・return ticket、オーストラリアでは、one-way ticket・return ticket といいます。また、イギリスの列車の場合には、一等（first class）と二等（second class）の区別もあるので注意しましょう。市内、長距離を問わず、割安なパス（pass）が用意されていることもよくあります。どんな切符の買い方をすればいいかは、旅の形態に合わせ、情報を集めてから決めるようにするといいでしょう。

## 行き先を確認する

### このバスはニューヨーク行きですか。
**Is this the right bus for New York?**
イズ ディス ザ ライト バス フォ ニューヨーク

　なじみのない交通機関の利用には、不安がつきもの。バスの場合、運転手に行き先を確かめてから乗り込むようにしましょう。

　長距離バスでは、乗り場に行くまでに迷ってしまうかもしれません。多くの路線が交わる大都市では、発着場も大規模だからです。わからなかったら、職員を見つけて、

### バスが出るのは何番の乗り場ですか。
**What gate number does the bus leave from?**
ワァット ゲイト ナンバァ ダズ ザ バス リーヴ フロム

と、切符を見せて聞いてみるといいでしょう。

　バスの出る時間を確認したいなら、

### バスは何時に出ますか。
**When does the bus leave?**
ウェン ダズ ザ バス リーヴ

と質問します。バスの場合、わからないことは、発車前に運転手に聞いておくと安心です。

　一方、そのバスが目指す場所のあたりに行くかどうかを確かめるには、

### このバスはABCセンターの近くを通りますか。
**Does this bus go near ABC Center?**
ダズ ディス バス ゴゥ ニア エイビースィ センター

と、運転手に聞くといいでしょう。

## こんな場面・こんなフレーズ

### これはボストンに行きますか。
**Does this go to Boston?**
ダズ ディス ゴゥ トゥ ボストン

### これは動物園に行くバス停ですか。
**Is this the right bus stop to go to the zoo?**
イズ ディス ザ ライト バス スタップ トゥ ゴゥ トゥ ザ ズー

### ロサンジェルスに着いたら教えてください。
**Please let me know when we reach L.A.**
プリーズ レッミー ノウ ウェン ウィ リーチ エルエイ

### マイアミまでどれくらい時間がかかりますか。
**How long does it take to Miami?**
ハウ ロング ダズィッ テイク トゥ マイアミ

---

### 交通ワンポイント

　長距離バスは、次の停留所に止まるまで数時間は走るので、間違いがないように、慎重に確認しておきましょう。アメリカの長距離バスの発着場は depot（ディーポウ）といい、大きなところでは、乗り場に行き着くまでに時間がかかります。乗り遅れないように、余裕をもって出かけなければなりません。また、席は自由なので、運転手のそばに座るためには早めにならんだほうがいいでしょう。

## どこで乗り換えるか聞く

### ロサンゼルスに行くにはどこで乗り換えますか。
### Where should I change trains to go to L.A.?
ウェア シュダイ チェインジ トレインズ トゥ ゴゥ トゥ エルエイ

　どこで乗り換えたらいいかわからない時には、このように聞いてみましょう。慣れない土地での乗り継ぎは緊張するものですが、およその目安がついていれば、リラックスして車窓を眺めることもできます。

　途中でどこにいるかわからなくなった場合、停車中なら、

### これは何という駅ですか。
### What station is this?
ワァット ステイション イズ ディス

と、近くの人に聞いてみるといいでしょう。

　一方、走っている時であれば、

### 次に止まるのはどこの駅ですか。
### What is the next stop?
ワァット イズ ザ ネクスト スタップ

と聞くことができます。

　乗り継ぐ駅や目指す駅がいくつめかを知りたい時には、

### A駅まであといくつですか。
### How many more stops are there to A station?
ハウ メニィ モア スタップス アー ゼア トゥ エイ ステイション

とたずねるといいでしょう。

　市内を走る列車なら、乗客にもわかるでしょうが、長距離の移動で頼りになるのは、やはり車掌。たとえば、乗り継ぎ駅でスムーズに次の列車に接続できるか知りたい場合、

## ロサンゼルス行きにうまく接続できますか。
## Can I make good connections for L.A.?
キャナイ メイク グッド カネクションズ フォ エルエイ

　などと聞いて、調べてもらうことができます。予定より遅れている時などには、特に注意が必要です。

　どうやって車掌を見つけたらいいかわからない時には、

## 車掌さんはどこにいますか。
## Do you know where the conductor is?
ドゥ ユー ノウ ウェア ザ カンダクタァ イズ

と、近くの乗客に聞いてみるといいでしょう。

❗ **こんな場面・こんなフレーズ**

### 乗り換えなくてはいけませんか。
### Must I transfer?
マスト アイ トランスファー

### 今、どこですか。
### Where are we now?
ウェア アー ウィ ナウ

### 遅れているのですか。
### Is the train late?
イズ ザ トレイン レイト

### (車内アナウンスは)何といっていましたか。
### What did he(she)say?
ワァッ ディドゥ ヒー(シー)セイ

## バスで市内をまわる

### バスはどれくらいの間隔でありますか。
**How often does the bus run?**
ハウ オフン ダズ ザ バス ラン

　市内バスが整備されている町では、観光や買い物の足としてうまく利用したいもの。上記の要領で、どのくらい本数があるか確かめておくと、予定がたてやすいでしょう。

　町なかでバス停の場所を聞く時には、

### バス停はどこですか。
**Where is the bus stop?**
ウェアリズ ザ バス スタップ

と質問します。

　バスには町の景色を眺めるという楽しみがありますが、降りるところがわかりにくいのが難点。車内アナウンスがないことも多く、誰も乗り降りしないと通過してしまうので、不安な時には運転手の助けを借りましょう。乗る時に、

### ABC公園に行きたいのです。
**I'd like to go to ABC Park.**
アイド ライク トゥ ゴゥ トゥ エイビースィ パーク

### 降りるところで教えてくれませんか。
**Could you tell me when to get off?**
クジュー テル ミー ウェン トゥ ゲット オフ

と、丁寧に頼んでおいて、いちばん前の席に座るか、そのあたりに立っているようにします。

　混雑したバスでは、降りにくいこともあるかもしれません。ドアを閉められないようにするには、大きな声で、

## 失礼、ここで降ります。
**Excuse me. I'm getting off here.**
イクスキューズ ミー アイム ゲティング オフ ヒア

ということ。無言で人を押しのけるのはマナー違反です。

### こんな場面・こんなフレーズ

## 動物園へは、どの路線に乗ればいいですか。
**Which line should I take to go to the zoo?**
ウィッチ ライン シュダイ テイク トゥ ゴゥ トゥ ザ ズー

## ここは私の降りるバス停ですか。
**Is this my stop?**
イズ ディス マイ スタップ

### 交通ワンポイント

　バス停は、目印などを知らないとわかりにくいもの。名前がついていない場合も多いので、路線図でどこを通るか確かめておきましょう。乗り降りの方法は、ほかの乗客を見ていればわかります。降りることを知らせるには、ブザーをおしたり、ひも状のものを引いたりします。

## レンタカーを借りる

### 車を3日間借りたいのですが。
**I'd like to rent a car for three days.**
アイド ライク トゥ レンタァ カァ フォ スリー デイズ

　車を借りたい時には、レンタカー会社に行き、まずはこのようにいいましょう。担当者は、

### どんなタイプの車を考えていますか。
**What type do you have in mind?**
ワァッ タイプ ドゥ ユー ハヴ イン マインド

　などと聞いてきます。ここで伝えるのは、車のサイズやオートマチック（automatic）といった希望。たとえば、

### オートマチックの中型車をお願いします。
**An automatic, midsize car, please.**
アン オートマティック ミッドサイズ カァ プリーズ

というように答えます。小型車は、compact car、大型車は、full-size car です。希望する車種を指定してもいいでしょう。

　また、乗り捨て可能かどうかを聞きたい時には、

### アトランタで乗り捨てることはできますか。
**Could I drop off the car in Atlanta?**
クダイ ドロップ オフ ザ カァ イン アトランタ

と聞いてみます。

　借りる車が決まって、手続きをする時には、

### 免許証を見せてもらえますか。
**Could I see your driver's license?**
クダイ スィー ユア ドライヴァズ ライセンス

といわれるので、免許証を提示します。
　料金に保険料が含まれているのかわからない場合には、

## 保険料が含まれていますか。
### Does it include insurance?
ダズィッ　インクルード　インシュアランス

と質問しましょう。保険料は別だという答えなら、

## 全補償をお願いします。
### Full protection, please.
フル　プロテクション　プリーズ

と伝えます。慣れない土地での運転には、保険が必要です。

### ❗ こんな場面・こんなフレーズ

#### 4ドアのセダンがいいのですが。
##### I'd like a four-door sedan.
アイド　ライクァ　フォードア　セダン

#### 保険をかけたいのですが。
##### I'd like to buy insurance.
アイド　ライク　トゥ　バイ　インシュアランス

#### 週末割引はありますか。
##### Do you have any weekend discount?
ドゥ　ユー　ハヴ　エニィ　ウィークェンド　ディスカウント

---

### ◆　交通ワンポイント　◆

　車を借りるには、国際免許証とパスポート、クレジットカードが必要。精算は返却時にします。現金で支払う場合も、保証としてカードの提示を求められると考えておきましょう。また、同乗者と交代で運転する場合には、同乗者の登録をしておかなければいけません。1週間以上借りる場合や週末にかけては割引制度があることも多いので、情報を集めて賢く利用しましょう。

## ● ガソリンスタンドで給油する ●

### 無鉛ガソリンを満タンでお願いします。
**Fill it up with unleaded, please.**
フィル イッ アップ ウィズ アンレディド プリーズ

　ガソリンスタンドの従業員に給油を頼む時には、このように表現しましょう。

　広大な土地を運転する場合などには、どこで給油できるかわからないので、早めにガソリンスタンドをさがすように心がけましょう。人に聞く時には、

### いちばん近いガソリンスタンドまでどれくらいですか。
**How far is the nearest gas station?**
ハウ ファー イズ ザ ニアレスト ガァス ステイション

　などと質問するといいでしょう。

　また、ガソリンスタンドに寄った時には、トラブルを未然に防ぐために、

### タイヤの空気圧をチェックしてください。
**Please check the air in the tires.**
プリーズ チェック ズィ エア イン ザ タイアズ

　などと頼むといいでしょう。

　給油が終わったら、ガソリンの量と値段が表示されるメーターを見てみましょう。すぐに金額がわかります。

　アメリカなどでは、日本でも見かけるようになった、セルフサービス（self-service）スタイルのガソリンスタンドが多く、料金が割安です。ちなみに、従業員が給油するスタイルは、full-service といいます。

　セルフサービスのやり方がわからなければ、

## 給油をのしかたを教えてくれませんか。
**Would you show me how to start the pump?**
ウジュー ショウ ミー ハウ トゥ スタァト ザ パンプ

と聞くといいでしょう。Pay first（先払い）と表示されているのは、先に料金を支払う方式なので、給油する前に、支払いカウンターに行く必要があります。

### ❗ こんな場面・こんなフレーズ

## 10ドル分のハイオクをお願いします。
**Ten dollar's worth of premium, please.**
テン ダラーズ ワース オブ プリーミアム プリーズ

　値段の分だけ給油してもらうこともできます。

## フロントガラスを拭いてもらえますか。
**Could you clean the windshield?**
クジュー クリーン ザ ウィンドシールド

## ガス欠です。
**I've run out of gas.**
アイヴ ランナウトブ ガァス

## レンタカーを返却する

### 車を返却したいのですが。
**I'd like to return a car.**
アイド ライク トゥ リターン ア カァ

　車を返す時には、レンタカー会社でこのように伝えましょう。空港などで、広い敷地内のどこに持っていけばいいのかわからない時には、return の表示に従って進みます。この時も、近くの係員にこういえば、場所を指示してくれます。駐車したあとは、

### ここに鍵と契約書があります。
**Here's your key and the contract.**
ヒアズ ユァ キー アン ザ カントラクト

といって、鍵を渡し、契約書を提示します。レンタカーの場合、返却を check in ともいい、借りることを check out ともいうので、混同しないように注意が必要です。

　あとは、請求書に間違いがないかどうか確かめ、支払いをすませれば終わりです。わからないことがあれば、気おくれせずに質問しましょう。

　また、返却時はガソリンを満タンにするのが原則だということを忘れてはなりません。

### ガソリンは満タンにしてありますか。
**Did you fill it up?**
ディジュ フィル イッ アップ

と聞かれたら、簡単に Yes. と答えればＯＫです。給油を忘れていたり、近くのガソリンスタンドがわからなかったりする場合には、

## いちばん近いガソリンスタンドはどこですか。
**Where is the nearest gas station?**
ウェアリズ ザ ニアレスト ガァス ステイション

と聞いて、そちらに向かうといいでしょう。満タンにしておかないと、通常の2～3倍の額を、追加料金として請求されるおそれがあります。

### ❗ こんな場面・こんなフレーズ

## 車はどこで返せばいいですか。
**Where do I return cars?**
ウェア ドゥ アイ リターン カァズ

## この傷は私がつけたのではありません。
**I didn't make this scratch.**
アイ ディドゥント メイク ディス スクラッチ

自分がつけたのではない傷について追求されたら、こういいましょう。

## 事故やトラブルはありませんでした。
**I didn't have any accidents or problems.**
アイ ディドゥント ハヴ エニィ アクスィデンツ オァ プラブレムズ

## 話が違います。
**You didn't say that.**
ユゥ ディドゥント セイ ザット

---

### ◆ 交通ワンポイント ◆

思わぬトラブルに巻き込まれないように、車の傷や故障について、借りる時に慎重にチェックしておくことが大切です。これを怠ると、返却時に、「傷つけた」「いや、前からあった」という水掛け論にもなりかねません。また、大きな空港では、到着後すぐに車を借り、出発直前に返却できるように、レンタカー会社と空港を結ぶ、無料送迎バスが用意されていることがあります。

## 列車でのトラブル

### 間違った列車に乗ってしまいました。
**I am on the wrong train.**
アイ アム オン ザ ロング トレイン

　長距離を走る列車でトラブルが起きた時には、落ち着いて車掌をさがし、早めに相談することです。

　間違った列車に乗り込んでしまったことに、発車してから気づいた場合には、上記のように伝えて、目的地へ行くための最善策を教えてもらいましょう。

　切符をなくしたことに気づいたのなら、

### すみません。切符をなくしました。
**I'm sorry. I lost my ticket.**
アイム ソォリィ アイ ロスト マイ ティケット

といいます。

　そして、行き先などを説明してから、

### 新たに切符を買わないといけませんか。
**Do I have to buy a new ticket?**
ドゥ アイ ハフ トゥ バイ ア ニュー ティケット

と聞いてみましょう。

　一方、列車が予定より遅れている場合には、

### どうして遅れているのですか。
**Why is it delayed?**
ウァイ イズィッ ディレイド

とたずねます。この言い回しは、駅で待っていて列車がなかなか到着しないときにも使えます。

　乗っている列車が途中で立ち往生してしまい、いつ動く

のか見込みが知りたい時には、

## 動き出すまでどのくらいかかりますか。
### How long until we get going again?
ハウ ロング アンティル ウィ ゲット ゴゥイング アゲイン

と質問するといいでしょう。

　また、切符を購入していたにもかかわらず、計画の変更などで列車に乗れなくなった場合には、窓口に行って、

## この切符をキャンセルできますか。
### Can I cancel this ticket?
キャナイ キャンスゥ ディス ティケット

と聞き、払い戻しが可能かどうか確かめましょう。

### ❗ こんな場面・こんなフレーズ

## 列車に乗り遅れてしまいました。
### I missed my train.
アイ ミストゥ マイ トレイン

## どうしたらいいでしょうか。
### What should I do?
ワッツ シュダイ ドゥ

　助言を求めるなら、事情を説明して上のように聞きます。

## 切符を再発行してもらえませんか。
### Could you issue the ticket again?
クジュー イシュー ザ ティケット アゲイン

## 何が起きたんですか。
### What happened?
ワッツ ハプンド

## 車が故障してしまった

### タイヤがパンクしました。
**I've got a flat.**
アイヴ ガッタ フラット

　タイヤの「パンク」は和製英語なので、このようにいわないと通じません。レンタカーには、スペアタイヤとジャッキが用意されているはずですが、自分で交換できず、誰かに手伝ってもらいたいと頼む時には、

### 手を貸してもらえないでしょうか。
**Could you give me a hand?**
クジュー ギヴ ミー ア ハンド

### スペアタイヤをつけてもらえませんか。
**Could you put the spare tire on?**
クジュー プット ザ スペア タイア オン

といえばいいでしょう。
　パンクではなく、故障して動かなくなった場合には、

### 車が故障しました。
**My car has broken down.**
マイ カァ ハズ ブロウクン ダウン

### バッテリーが上がったのだと思います。
**I'm afraid the battery is dead.**
アイム アフレイド ザ バテリィ イズ デッド

と表現します。
　こうした事態に備えて、車を借りる際には、緊急時の連絡先を確認しておかなければなりません。ふつうは、レンタカー会社に電話することになります。質問に備えて契約

書を用意してから、

### そちらで借りた車がトラブルを起こしました。
The car I rented from you has a problem.
ザ カァ アイ レンティド フロム ユー ハズァ プラブレム

と切り出せば、どういう理由で電話をしているかが、相手にすぐに伝わります。そのあとで、

### エンジンの具合がおかしいのです。
Something is wrong with the engine.
サムスィング イズ ロング ウィズ ズィ エンジン

### おかしな音を出しています。
The engine makes a strange noise.
ズィ エンジン メイクス ア ストレインジ ノイズ

などと説明すればいいでしょう。
車を牽引(けんいん)してもらう必要がある時には、

### A通り3番地にレッカー車をお願いします。
Could you send a tow truck to 3 A Street?
クジュー センドァ トウ トラック トゥ スリー エイ ストリート

というように頼みます。

また、どこかで修理を受ける時には、領収書をもらい、車を返す時まで保管しておくようにしましょう。

**こんな場面・こんなフレーズ**

### ブレーキが壊れています。
The brakes are out of order.
ザ ブレイクス アー アウトブ オーダァ

### 車にキーを置いたままドアをロックしてしまいました。
I'm locked out.
アイム ロックトゥ アウト

## 交通事故を起こしてしまった

### 至急、救急車をお願いします。
Please send an ambulance immediately.
プリーズ センド アン アンビュランス イミーディアトリィ

　万一、車を運転していて事故を起こしてしまった場合には、警察に連絡しなければなりません。アメリカでは、警察も救急車も911番で呼びます。

　ケガ人が出た場合には、上記のように伝えてから、

### 自動車事故に遭いました。
I had a car accident.
アイ ハダァ カァ アクスィデント

### ケガ人がひとりいます。
There's an injured person.
ゼアズ アン インジャード パーソン

といいます。オペレーターは、何が起きたのか、どの程度のケガなのかといった説明を求めてきますから、これだけは、最低限伝えるようにしなければなりません。次に、

### 場所をいってください。
Please tell me your location.
プリーズ テル ミー ユア ロウケイション

と事故現場を聞かれるので、

### 2番通りとABC通りの十字路です。
Second Avenue and ABC Street.
セカンド アヴェニュー アン エイビースィ ストリート

というように、できるだけわかりやすく説明します。

　電話をかけたあとは、現場を離れず、救急車とパトカー

を待ちます。事故を起こした相手がいる場合には、責任問題についての話題は避けなければなりません。
　そして、警察が到着したら、事情を話します。
　また、ちょっとした事故で、かすり傷程度のケガだったとしても、

## 事故証明書をもらえますか。
### May I have a copy of the accident report?
メアイ ハヴァ カピィ オブ ズィ アクスィデント リポート

といって、証明書を出してもらうようにしましょう。

**❗ こんな場面・こんなフレーズ**

## 木に突っ込んでしまいました。
### My car crashed against a tree.
マイ カァ クラッシュトゥ アゲインスト ア トゥリー

## 警察を呼んでください。
### Please call the police.
プリーズ コール ザ ポリース

　周囲の人に警察を呼んでもらうには、こういいます。

## 日本大使館を呼んでください。
### Please call the Japanese Embassy.
プリーズ コール ザ ジャパニーズ エンバスィ

---

**◆ 交通ワンポイント ◆**

　万一に備えて、警察や救急車を呼ぶ緊急時の電話番号は、必ずチェックしておきましょう。レンタカー会社、保険会社への連絡方法も、あらかじめ確認しておく必要があります。ほかの車が関係している場合には、ナンバーをひかえておくこと。また、相手が話しかけてきた時に、決して I'm sorry. といわないように気をつけましょう。自分の非を認めたことになってしまいます。

## 道をたずねる

**すみません、道に迷いました。ここはどこですか。**
Excuse me, but I'm lost. Where am I now?
イクスキューズ ミー バッ アイム ロスト ウェア アム アイ ナウ

　夢中になって歩きまわったり、ドライブを楽しんだりしていると、道に迷ってしまうこともあるでしょう。どこにいるのか見当もつかないなら、近くの人に、上記のように声をかけてみるといいでしょう。

　この時、口頭での説明はわかりにくいでしょうから、

**この地図で示してください。**
Please show me on this map.
プリーズ ショウ ミー オン ディス マップ

と、続けて地図を差し出し、現在位置を示してもらうのが得策。こうすれば、間違いはありません。

　ただし、この方法はかなり無防備でもあるので、よからぬ人たちに目をつけられないよう、周囲の状況を確認しましょう。気軽に道をたずねるなら、

**駅に行きたいのですが。**
I'd like to go to the station.
アイド ライク トゥ ゴゥ トゥ ザ ステイション

**どう行けばいいか、教えてくれませんか。**
Could you tell me how to get to the station?
クジュー テル ミー ハウ トゥ ゲットゥ ザ ステイション

といった表現ができます。

　説明が予想よりもこみいっている場合には、ノートなどを差し出して、

### ここに地図を書いてくれませんか。
**Could you draw a map here?**
クジュー ドゥロー ア マップ ヒア

と頼んでみるのもひとつの手です。

さらに、目安として、目的地までの所要時間を聞いておくと安心です。歩いて行く場合なら、

### 歩くとどのくらいかかりますか。
**How long will it take to go on foot?**
ハウ ロング ウィルィッ テイク トゥ ゴゥ オン フット

とたずねます。また、声をかけた相手が、必ずしも地理に詳しいとは限りません。

### このあたりはよくわかりません。
**I'm a stranger around here.**
アイム ア ストレインジャー アラウンド ヒア

といわれたら、答えられないという意味です。これは慣用表現なので、覚えておくといいでしょう。自分が道を聞かれて、答えられない場合にも使うことができます。

#### ❗ こんな場面・こんなフレーズ

### ABCホテルはどこですか。
**Where is the ABC Hotel?**
ウェアリズ ズィ エイビースィ ホゥテル

### このあたりに銀行はありますか。
**Is there a bank around here?**
イズ ゼアラ バンク アラウンド ヒア

### ここからどのくらいの距離ですか。
**How far is it from here?**
ハウ ファー イズィッ フロム ヒア

## トイレの場所を聞きたい

### トイレはどこですか。
### Where is the rest room?
ウェアリズ ザ レスト ルーム

慣れない土地では、どこにトイレがあるかわかりません。この表現だけは、頭に入れておきたいものです。

公共施設やレストランなどでトイレに入る時には、日本の習慣と同じようにドアをノックします。この時、声をかけることも多いのですが、

### 入ってますか。
### Anyone in?
エニィワン イン

というといいでしょう。

反対に、自分が個室に入っている時に誰かがドアを開けようとした時には、

### ちょっと待って。
### In a minute.
インナ ミニット

と声をかけるといいでしょう。

また、個人のお宅を訪問した時には、

### トイレを借りたいのですが。
### May I use your bathroom?
メアイ ユーズ ユァ バスルーム

と表現します。日本語では「トイレを借りる」といいますが、これをそのまま borrow your toilet とおきかえると、「便器を借りて持ち帰る」という意味になってしまいます。

必ず use を使いましょう。また、toilet は「便器」のニュアンスが強いので、個人宅では特に、bathroom を使うように注意しましょう。

> **こんな場面・こんなフレーズ**

### この近くにトイレはありますか。
**Is there a rest room around here?**
イズ ゼアラ レスト ルーム アラウンド ヒア

### 手を洗いたい(トイレに行きたい)のですが。
**May I wash my hands?**
メアイ ウォッシュ マイ ハンズ

---

### ◆ 交通ワンポイント ◆

　旅先では、ホテルやレストラン、デパートなどで用を足しておくように気をつけましょう。安全面からいって、公衆トイレはできるだけ避けたいものです。トイレを指す言葉は、公共の施設では rest room、個人宅では bathroom を使い、男性用・女性用は、それぞれ men's room・ladies' room といいます。イギリスなどでは、lavatory や powder room (女性用) も使われます。

## YesとNoをいえる日本人になろう

　Yes か No で答えるのは、簡単なようで難しいもの。日本人は、なかなか No といえないと同時に Yes を使いすぎる、といわれています。
「Yes = はい」「No = いいえ」という、日本語の感覚で考えるのはやめましょう。たとえば、話を聞きながら、あいづちのつもりで Yes を繰り返すと、すべて理解し、同意したことになります。このため、話がひと段落してから But I 〜 などと反論すると、不審がられます。あいづちを打たないで聞き取ることに集中し、誤解を招かないようにしましょう。

　また、Would you like tea or coffee? といったような、選択を求める質問に、Yes と答えるのは間違いです。「紅茶かコーヒーでもいかが」「ええ」というつもりでしょうが、どちらかを選択して、Tea, please. などと答えないと、会話が成立しません。

　そして、Would you like some more wine?（ワインをもう少しいかがですか）といった問いかけには、Yes, please. か、No, thank you. で答えます。

　また、Would you mind 〜 ? の質問に、Yes と答えると、「やめてくれ」ということになります。「〜したら気にするか」の意味なので、「全然かまいませんよ」は、No, not at all. になります。

# ショッピング

何を買う？ どこで買う？
ひとりでも安心の買い物術

## 4章

## 店・売り場をたずねる

### 靴売り場はどこですか。
**Where is the shoe department?**
ウェアリズ ザ シュー ディパートメント

　デパートで売り場をたずねる時には、このような表現を使います。department は、デパート全体ではなく、個々の売り場を指す言葉だと覚えておきましょう。大きなデパートでは、売り場をさがすのも大変です。

### 下着売り場はありますか。
**Do you have an underwear department?**
ドゥ ユー ハヴァン アンダァウェア ディパートメント

　さがしているものが何階にあるかを知りたいなら、

### 文房具売り場は何階ですか。
**What floor is the stationery section on?**
ワァット フロア イズ ザ ステイシャナリィ セクション オン
といった聞き方もできます。

### スポーツウエアはどこで買えますか。
**Where can I get some sportswear?**
ウェア キャナイ ゲット サム スポーツウェア

　一方、その町のショッピング街がどこにあるのか知りたい場合には、ホテルで、

### ショッピング街はどこにありますか。
**Which area is good for shopping?**
ウィッチ エァリア イズ グッド フォ ショッピング
と質問すればいいでしょう。

　特に欲しい品物がある場合には、その時に情報収集をし

ておくと効率的です。

> バッグを買うのにいい店はありませんか。
> What store can you recommend for bags?

ワット ストア キャン ユー レカメンド フォ バッグズ

というように、お勧めの店を聞いてみましょう。特に知りたいことがある場合、コンシェルジェに頼めば、ほかでは得られない耳寄り情報を教えてくれるかもしれません。

また、町なかにある免税店に行きたいなら、

> このあたりに免税店はありますか。
> Is there a duty free shop around here?

イズ ゼアラ デューティ フリー ショップ アラウンド ヒア

と聞いてみます。ショッピングセンターのように、有名ブランドショップがならんでいる大型店もあります。

### ❗ こんな場面・こんなフレーズ

> 化粧品を買いたいのですが。
> I'd like to buy some cosmetics.

アイド ライク トゥ バイ サム カズメティクス

何をさがしているのかを伝える言い回しです。

> ディスカウントショップをさがしています。
> I'm looking for a discount shop.

アイム ルッキング フォラ ディスカウント ショップ

> デパートへの行き方を教えてください。
> How can I get to the department store?

ハウ キャナイ ゲット トゥ ザ ディパートメント ストア

## 品物の値段を聞く

### いくらですか。
**How much is it?**

ハウ マッチ イズィッ

このおなじみのフレーズが、ものの値段を聞く時の基本表現。幅広いシチュエーションで使うことができます。

消費税などが必要な地域で、合計金額が予算内におさまるかどうか確かめたい場合には、

### 税込みでいくらになりますか。
**How much will it be with tax?**

ハウ マッチ ウィルィッ ビィ ウィズ タクス

というように、聞いてみるといいでしょう。

その金額が高すぎると思った時には、正直に、

### 私にはちょっと高すぎます。
**A little expensive for me.**

ア リトゥル イクスペンスィヴ フォ ミー

と伝えたほうが、買い物がスムーズにできるでしょう。黙ったままでいると、何を考えているかが伝わらないため、いい買い物をするための手助けをしてもらえません。どれくらいの予算で、どんなものをさがしているかを伝えれば、適当なものを勧めてくれるはずです。相手のほうから、

### ご予算はどれくらいですか。
**What's your budget?**

ワァッツ ユア バジェット

と聞かれたら、財布と相談して、出してもいい額を答えましょう。たとえば、

## 30ドルまでです。
### Not more than thirty dollars.
ノット モア ザン サーティ ダラーズ

というように答えます。

値引きがきく店では、もしかしたら、

## 30ドルにしましょう。
### I'll make it thirty dollars.
アイル メイク イッ サーティ ダラーズ

などといって、その値段にしてくれるかもしれません。

> **こんな場面・こんなフレーズ**

## 全部でいくらですか。
### How much is it altogether?
ハウ マッチ イズィッ オールトゥギャザァ

何点も買う場合、総額をたずねるにはこう聞きます。

## それは税込みの値段ですか。
### Does the price include tax?
ダズ ザ プライス インクルード タクス

## 値切りたい

### まけてもらえませんか。
**Could you give me a discount, please?**
クジュー ギヴ ミー ア ディスカウント プリーズ

　海外では、値切りのきく店でショッピングをする機会が多いもの。デパートや高級ブランド店では無理ですが、値段交渉を前提としている店では、このようにいって値切るのが当たり前です。

　自分から値段を切り出して交渉する場合には、

### 50ドルではどうですか。
**How about fifty dollars?**
ハウ アバウト フィフティ ダラーズ

というようにいってみます。その値段まで下がらなくても、はじめより安い値段を提示してくれるかもしれません。そこで妥協するか、もう一度おしてみるかは、その場の状況しだいでしょう。

　また、おみやげなどを買う時には、

### ふたつで60ドルではどうですか。
**How about sixty dollars for two?**
ハウ アバウト スィクスティ ダラーズ フォ トゥ

というように聞いてみる手もあります。まとめ買いをするかわりに、値引きを求めるわけです。同じ商品でなくても、何点か買い物をする時には、値切るチャンスがあると考えていいでしょう。

　また、クレジットカードではなく、現金で支払うと、値引きをしてくれることもあるので、

## 現金払いなら値引きしてもらえますか。
**Could I get a discount if I pay in cash?**
クダイ ゲッタ ディスカウント イフ アイ ペイ イン キャッシュ

と聞いてみるといいでしょう。

　こちらがあれこれと値引きを求めても、断固として、

## 申し訳ありませんが、できません。
**Sorry, we can't.**
ソォリィ ウィ キャント

というようなら、無理だということ。帰るそぶりを見せても動じなければ、交渉は失敗と考えましょう。

### こんな場面・こんなフレーズ

## もう少し安くできませんか。
**Can you make it a little cheaper?**
キャン ユー メイク イッ ア リトゥル チーパァ

## 10%引きにしてくれたら買います。
**I'll take it if you give me a 10 perscent discount.**
アイル テイク イッ イフ ユー ギヴ ミー ア テン パーセント ディスカウント

## 予算は50ドルです。
**My budget is up to fifty dollars.**
マイ バジェット イズ アップ トゥ フィフティ ダラーズ

---

### ◆　　　ショッピングワンポイント　　　◆

　一般的には値引きがきかない地域でも、フリーマーケットなどでは事情が違います。値札もついていない場合などには、どこまで値段を下げる気なのか探りながら、交渉しましょう。丁寧ないい方をしながら、強気で臨むこと。商品をほめちぎるのも、時として効果があります。

## 気に入った品物を買う

### これを買います。
### I'll take this.
アイル テイク ディス

　気に入った商品を買うことに決めたら、店員にこう伝えます。手元にある場合には this ですが、少し離れたところにある時には that とする点に気をつけましょう。I'll take it. とすれば、どちらの場合にも使えます。

　次に、支払いをする場所がわからなければ、

### どこで支払いをするのですか。
### Where should I pay?
ウェア シュダイ ペイ

と聞きます。レジで支払う場合にも、Follow me, please.（ついてきてください）、This way, please.（こちらへどうぞ）などといって、店員が案内してくれるでしょう。

　もしも、現地通貨の持ち合わせが足りなかったり、かさばるので帰り道に寄って買いたいというような場合には、

### これを取っておいてくれませんか。
### Could you keep this for me?
クジュー キープ ディス フォ ミー

と頼んでみるといいでしょう。確実に取っておいてほしい時には、手付金（deposit）を払ったほうがいいかもしれません。先方から要求されることもあります。その場合、

### これが手付金です。
### Here's a deposit.
ヒアズ ア ディポズィット

といって、お金を渡すといいでしょう。この時、手付金の分の領収書をもらっておくと安心です。そして、

## あとでもどってきます。
### I'll come back later.
アイル カム バック レイタァ

といって、店を出ます。これは、その品物を買うかどうか迷っている時にも使える言い回しです。

また、支払いの前には、That's it? あるいは That's all? または All set? などとよく聞かれますが、これは、「それで全部か」という意味。ほかに買う物がなければ、Yes と答えます。また、店員にさかんに勧められたものを買わないことにした時には、

## やめておきます。ありがとう。
### I'll pass. Thank you.
アイル パス サンキュー

といって、店を出るようにしましょう。

### ❗ こんな場面・こんなフレーズ

## これを3つ買います。
### I'll take three of these.
アイル テイク スリー オブ ディーズ

　同じものをいくつか買うときには、こういいます。

## 今、持ち合わせがありません。
### I don't have enough money with me now.
アイ ドント ハヴ イナフ マニィ ウィズ ミー ナウ

## ABCホテルに届けてもらえますか。
### Could you deliver it to ABC hotel?
クジュー ディリヴァ イッ トゥ エイビースィ ホゥテル

## カードが使えるか確かめる

### ビザカードは使えますか。
**Do you take VISA?**
ドゥ ユー テイク ヴィーザ

　クレジットカードが使えるかどうかは、地域や店のタイプによって違うものです。手持ちのカードで支払いができるかどうかを確かめるには、具体的にカードの名称を挙げて、上記のように聞いてみます。

　レジでは、店員のほうから、

### お支払い方法は現金ですか、カードですか。
**How are you going to pay, by cash or charge?**
ハウ アー ユー ゴゥイング トゥ ペイ バイ キャッシュ オァ チャージ

とたずねられることが多いので、はじめの言い回しを使って、自分のカードが使えるかどうか、確認します。店員の質問は、Cash or charge? と省略されることも多いので、そのことも頭に入れておきましょう。

　現金払いにする場合には、

### 現金で支払います。
**Cash, please.**
キャッシュ プリーズ

と答えながら、現金を差し出します。

　トラベラーズチェックで支払いたい場合には、

### トラベラーズチェックは使えますか。
**Do you accept traveler's checks?**
ドゥ ユー アクセプト トラヴェラーズ チェックス

とたずねます。

## ショッピング 123

> **こんな場面・こんなフレーズ**

## アメックスカードで支払いたいのですが。
### I'd like to pay with Amex card.
アイド ライク トゥ ペイ ウィズ アメックス カード

---

### ◆ ショッピングワンポイント ◆

　クレジットカードで支払いたい場合、店の前やレジのあたりに、major credit cards accepted（主要カード使えます）と表示されていれば安心です。カード会社のマークが表示してある場合も同じです。また、カードの伝票にサインする際には、必ず金額を確かめ、利用ひかえを受け取ること。カードは、サインを照合してから返してもらいます。カード犯罪が多発していることを考えて、できるだけカードから目を離さないようにしましょう。

## 店員に話しかけられたら

### 何をおさがしですか。
**May I help you?**
メアイ ヘルプ ユー

　店に入ると、たいてい店員がこのように声をかけてきます。**What can I do for you?** といういい方もありますが、同じ意味です。客が勝手に品定めをするのではなく、「店員が商品を見せる」というシステムだということを、覚えておきましょう。何かいいものがないかと、特に決まったものもなく見ているだけなら、

### ちょっと見ているだけです。ありがとう。
**I'm just looking. Thank you.**
アイム ジャスト ルッキング サンキュー

と答えましょう。話しかけられたのに、聞こえないふりをして答えないのは、マナー違反です。

　一方、何かさがしているものがあって店に入り、はじめのように声をかけられた場合には、Yes, please.（ええ、お願いします）と答えて、希望を伝えます。たとえば、シャツを買いたいのであれば、

### シャツをさがしています。
**I'm looking for a shirt.**
アイム ルッキング フォラ シャート

といえばいいでしょう。

　また、はじめに「見ているだけです」と断った場合でも、気に入った商品が見つかったら、店員に声をかけて見せてもらうようにします。その時には、

## ちょっとお願いできますか。
**Can you help me, please?**
キャン ユー ヘルプ ミー プリーズ

というように、話しかけるといいでしょう。

### ❗ こんな場面・こんなフレーズ

## 何かおさがしですか。
**Are you looking for something?**
アー ユー ルッキング フォ サムスィング

店員からこう聞かれることもあります。

## 誰かご用をうかがっていますか。
**Have you been taken care of?**
ハヴ ユー ビーン テイクン ケアロヴ

店員がついていないと、こう聞かれることもあります。

## はじめに見てまわりたいのですが。
**I'd like to look around first.**
アイド ライク トゥ ルック アラウンド ファースト

見てからお願いしたい時、こう答えてもいいでしょう。

## 品物を見せてもらう

### 手に取ってもいいですか。
### Can I pick it up?
キャナイ ピッキット アップ

よさそうな品物が見つかったら、手に取る前に、店員にこう聞きます。当然、Sure.（もちろん）という答えが返ってきますが、商品に触れるには、先に了承を得るのがマナーだと覚えておきましょう。

少し離れたところにあるものを見たい時には、

### あれを見せてもらえますか。
### Could you show me that one?
クジュー ショウ ミー ザット ワン

と頼み、店員が見せてくれるのを待ちます。たたまれたシャツなどは、店員が目の前に広げて見せてくれるので、その前に手を出さないようにしましょう。いくつかならんでいる時には、the red one（赤いもの）、the big one（大きいもの）などといったように、色や大きさで表現すると、通じやすくなります。

ほかの色のほうがよかったら、

### 色違いで同じものはありますか。
### Do you have the same thing in a different color?
ドゥ ユー ハヴ ザ セイム スィング インナ ディファレント カラァ

とたずねるといいでしょう。「わざわざ取ってもらったのに、買わないのは悪い」などと考えることはありません。気おくれせずに、納得のいくまで検討することです。

また、品物をあれこれ見たけれど、結局買わないことに

した場合には、

## ほかのものを見てみます。ありがとう。
**I'll look for something else. Thank you.**
アイル ルック フォ サムスィング エルス サンキュー

といってから、店を出るようにします。買う場合には、前述したように I'll take it.（買います）といえばOKです。

### ❗ こんな場面・こんなフレーズ

### これを見たいのですが。
**I'd like to see this.**
アイド ライク トゥ スィー ディス

### ほかのものを見たいのですが。
**May I see another one?**
メアイ スィー アナザァ ワン

### これは地味（派手）すぎます。
**This is too plain(flashy).**
ディス イズ トゥー プレイン（フラッシィ）

---

### ◆ ショッピングワンポイント ◆

　日本では、自由に品物を手に取って品定めできますが、海外ではそうもいきません。店員が客につき、品物を選ぶ手伝いをすることが前提となっています。わずらわしいと嫌がらずに、プロにアドバイスをもらえると考えて臨むといいでしょう。目の前にあるからといって、商品にむやみに触ったりしないように、注意が必要です。また、店員とはきちんとコミュニケーションをとり、気に入ったのか、買うのか、はっきり意思表示をすること。そして、いずれにしても、最後は Thank you. とお礼をいうのを忘れないようにしましょう。

## 服を試着したい

### これを試着していいですか。
**Can I try this on?**
キャナイ トゥライ ディス オン

　店員に見せてもらった洋服が気に入ったらこのように聞く、ということを覚えておきましょう。何といっていいかわからずに、試着しないで購入すると、後悔することになりかねません。

　試着をしたいということは、買う気持ちがある証拠ですから、店員は喜んで、

### 試着室はあちらです。
**The fitting room is over there.**
ザ フィッティング ルーム イズ オゥヴァー ゼア

などといいながら、案内してくれるはずです。試着室は、dressing room、changing room などとも呼ばれますが、「フィットするかどうかを試すから fitting room」と覚えるのが簡単でしょう。

　試着室に入ってしばらくすると、自分からカーテンやドアを開けなくても、

### いかがですか。
**How is it?**
ハウ イズィッ

と声をかけられます。このあたりは、日本で買い物をする時と同じだと考えればいいでしょう。何も答えずにいると不審がられるので、何らかの反応を見せなければなりません。似合うかどうか自信がない時には、姿を見せて、

## どんなふうに見えますか。
### How does it look?
ハウ ダズィッ ルック

と意見を求めるのも、ひとつの手です。たいてい似合うとほめられるでしょうが、希望を伝えるきっかけにもなります。デザインや色などで気になるところがあれば、その点を具体的に伝えましょう。

また、着てみたらイメージとまるで違っていたというような場合には、自分の服に着替えてから、

## あまり似合いませんでした。
### This didn't suit me very well.
ディス ディドゥント スゥート ミー ヴェリィ ウェル

といって出て行き、試着した商品を手渡せばOKです。商品は、自分で売り場にもどす必要はありません。店員がつかないで試着するシステムの店でも、商品は試着室の前の専用のスペースか、試着室の中に置いておきます。

### ❗ こんな場面・こんなフレーズ

## この靴を試してみたいのですが。
### I'd like to try on these shoes.
アイド ライク トゥ トゥライ オン ディーズ シューズ

try on は服だけでなく、靴にも使えます。

## まだ迷っていて、決められません。
### I can't make up my mind.
アイ キャント メイク アップ マイ マインド

## とても気に入りました。
### I like it very much.
アイ ライク イッ ヴェリィ マッチ

## 服のサイズが合わない

### これはサイズが合いません。
**This isn't my size.**
ディス イズント マイ サイズ

　試着した洋服のサイズが合わなかった時には、このように伝えましょう。日本のサイズがどのサイズにあたるかは、目安でしかありません。身体のつくりが違うので、うまくフィットしないことも多いでしょう。

　全体的に大きいなら、

### これは大きすぎます。
**This is too large for me.**
ディス イズ トゥー ラージ フォ ミー

### もっと小さいのはありますか。
**Do you have a smaller one?**
ドゥ ユー ハヴァ スモーラァ ワン

とたずねて、小さいサイズを持ってきてもらいましょう。試着したところを見せれば、店員にもどのサイズが合うか見当がつきますから、

### こちらはいかがですか。
**How about this one?**
ハウ アバウト ディス ワン

　などといって、違うサイズのものを持ってきてくれます。同じデザインのものがない時には、似たような商品を見せてくれるかもしれません。

　一方、全体的にはフィットしているのに、すそや袖が長すぎるという場合には、

## 寸法直しはできますか。
**Do you do alterations?**
ドゥ ユー ドゥ オータレイションズ

## 袖を少し短くしてください。
**Please make the sleeves a little shorter.**
プリーズ メイク ザ スリーヴズ ア リトゥル ショータァ

といってみましょう。たいていは受け付けてくれるはずです。ただし、ここでできるといわれたら、

## どれくらい(時間が)かかりますか。
**How long will it take?**
ハウ ロング ウィル イッ テイク

と確認しておくことを、忘れてはいけません。現地を離れるまでに間に合わないようなら、

## 土曜日までに欲しいのですが。
**I'd like to get it by Saturday.**
アイド ライク トゥ ゲッティッ バイ サタデイ

と、具体的に期限を区切って頼んでみると、急いで仕上げてくれるかもしれません。その際には、料金を確認することも大切です。

### ❶ こんな場面・こんなフレーズ

## 私のサイズをはかってもらえませんか。
**Could you measure my size?**
クジュー メジャー マイ サイズ

## ここがきつすぎ(ゆるすぎ)ます。
**It's too tight(loose) here.**
イッツ トゥー タイト(ルース) ヒア

## プレゼント用のラッピングを頼む

### プレゼント用にラッピングしてくれませんか。
### Could you gift-wrap it?
クジュー ギフトラップ イット

　プレゼントを買う時にはこういって、きれいに包んでもらえるかどうか頼んでみましょう。海外では簡易包装に徹しているところが多く、何もいわないと、簡単に袋に入れるだけで渡されることが多いのです。プレゼント用のラッピングをしてくれるかどうかは、店にもよりますが、箱に入ったものなどは、

### リボンをかけてもらえませんか。
### Could you tie it with a ribbon?
クジュー タイ イッ ウィズ ア リブン

と聞いてみてもいいでしょう。
　用意したカードを中に入れてほしい場合には、

### 中にこのカードを入れたいのですが。
### I'd like to put this card inside.
アイド ライク トゥ プット ディス カード インサイド

と頼みます。
　一方、おみやげをまとめ買いする時には、何もいわないと、まとめて袋に入れられることになりますから、

### 別々に包んでください。
### Please wrap them separately.
プリーズ ラップ ゼム セパラトリィ

というといいでしょう。ひとつの袋に入れて、中身の数だけ袋をつけてくれることもあります。

また、多少かさばるものを買った時には、Would you like a bag?（ショッピングバッグに入れましょうか）と聞かれることもあります。必要なら Yes, please.（はい、お願いします）、いらない時には No, thank you.（いえ、けっこうです）と答えましょう。

### こんな場面・こんなフレーズ

**これは贈り物です。**
This is a gift.
ディス イズァ ギフト

**箱に入れてもらえませんか。**
Could you put it in a box?
クジュー プット イッ インナ バックス

**値札を取ってもらえませんか。**
Could you take off the price tag?
クジュー テイク オフ ザ プライス タグ

**その包装にはお金がかかりますか。**
Do I have to pay for the wrapping?
ドゥ アイ ハフ トゥ ペイ フォ ザ ラッピング

---

### ショッピングワンポイント

　大きなデパートの中には、プレゼント用の包装専用カウンター（gift-wrapping counter）が設けられているところもあります。その場合、支払いをしてからそちらへ行きます。高級ブティックでは、頼めばきれいに包んでもらえますが、庶民的な店ではそうとも限りません。アメリカなどでは、プレゼントは自分で包む習慣があり、さまざまなラッピング用品が市販されています。それを買って、帰国してから、あれこれ工夫して包装するのもいいでしょう。

## 買ったものを日本に送りたい

### それを日本に送ってもらえませんか。
### Could you send it to Japan?
クジュー センド イット トゥ ジャパン

　かさばるもの、重いものなど、自分で持ち帰るのが大変なものを買った時には、購入した店でこのように聞いてみるといいでしょう。英語でのやりとりが必要になりますが、自分で箱詰めをする手間が省けます。店員から、

### どのようにお送りしましょうか。
### How would you like to send it?
ハウ ウジュー ライク トゥ センド イット

と聞かれたら、航空便（air mail）にするか、それとも船便（surface mail または sea mail）にするかということです。Shall we send it by air mail or sea mail? と聞かれることもあるでしょう。希望するほうに please をつけて答えればＯＫです。

　いずれにしても、気になるのは送料と所要日数でしょう。送料については、

### 送料はいくらですか。
### How much is the shipping cost?
ハウ マッチ イズ ザ シッピング コスト

とたずねます。この ship は、船便で送ることを指すのではなく、単に「送る」という意味です。これを使って、the shipping and handling charge といえば、送料と手数料を合わせた料金のこと。こちらにおきかえて、必要な金額をたずねてもいいでしょう。

一方、所要日数については、

## 日本に着くまでどれくらいかかりますか。
### How long does it take to Japan?
ハウ ロング ダズィッ テイク トゥ ジャパン

というようにたずねます。

また、高価な品物や壊れ物を送る時には、保険をかけておいたほうが安心です。店員から聞かれなければ、

## 保険をかけてくれませんか。
### Could you insure it for me?
クジュー インシュア イッ フォ ミー

と、自分から頼みましょう。そして、これについても、

## 保険料はいくらになりますか。
### How much is the insurance?
ハウ マッチ イズ ズィ インシュァランス

と聞いておきます。思わぬトラブルにならないように、面倒でも、ひとつひとつ確認することが大切です。

### ❗ こんな場面・こんなフレーズ

## この住所に送ってください。
### Please send it to this address.
プリーズ センド イッ トゥ ディス アドレス

こういって住所を渡せば、用紙に記入してくれます。

高級店では、こんな希望を出してもいいでしょう。

## 送料を着払いにできますか。
### Can I pay the freight charge by collect?
キャナイ ペイ ザ フレイト チャージ バイ カレクト

## お釣りが足りない

### お釣りが間違っているようです。
I think I got the wrong change.
アイ スィンク アイ ガット ザ ロング チェインジ

　お釣りが間違っている時には、落ち着いて、堂々とこう主張します。せっかく気に入ったものを手に入れたのに、うれしい気分が損なわれてしまうでしょうが、単純なミスである場合も多いので、いきなり怒ったりしないことです。
　店員がすぐに対応しようとしなければ、

### もう一度確認してもらえませんか。
Could you check it again?
クジュー チェッキッ アゲイン

といって、計算のやり直しや代金の照合を要求します。
　それでも、相手が煮え切らない態度をとったり、否定したりするようなら、

### 20ドル札を2枚渡しました。
I gave you two twenty-dollar bills.
アイ ゲイヴ ユー トゥ トウェンティダラー ビルズ

　などと、渡したお金を具体的に伝えるといいでしょう。
　一方、お釣りといっしょにもらったレシートに記載された代金が、値札の料金と違っている場合には、

### 値札と金額が違います。
This isn't the same amount as the price tag.
ディス イズント ザ セイム アマウント アズ ザ プライス タグ

と抗議します。そして、相手から納得のいく答えが得られるまで、その場を離れないこと。残念ながら、このような

ショッピング 137

トラブルは起こりがちなので、お釣りを受け取ったら、必ず確認するようにしなければなりません。

また、万一、お釣りを渡そうともしない場合には、

## まだお釣りを受け取っていません。
### I haven't received my change yet.
アイ ハヴント リスィーヴド マイ チェインジ イエット

といって、早く渡すように促しましょう。

> **こんな場面・こんなフレーズ**

## お釣りが多すぎるようです。
### I think it is too much.
アイ スィンク イット イズ トゥー マッチ

お釣りが多いと指摘する時には、こう表現します。

## 領収書をもらえますか。
### May I have a receipt, please?
メアイ ハヴァ リスィート プリーズ

間違いがないか確認するためにも、買い物をしたら、必ず領収書をもらうようにしましょう。

## 買ったものを返品したい

### これを返品したいのですが。
**I'd like to return this.**
アイド ライク トゥ リターン ディス

　商品を返品したい場合には、こう伝えます。デパートでは、customer service（顧客サービス）で受け付けることも多くなっています。
　この時に大切なのが、そこで買った証拠となる領収書。

### ここに領収書があります。
**Here's my receipt.**
ヒアズ マイ リスィート

といって、提示するといいでしょう。
　次に説明すべきなのは、返却する理由です。よく見たら買った服にシミがあった、という場合なら、

### ここに大きなシミがあります。
**There is a big stain here.**
ゼアリズ ア ビッグ ステイン ヒア

と指し示します。多少のことでも、大げさにいったほうが効果的でしょう。アメリカでは、一般的に、サイズが合わないといった理由でも、有名店であれば返品ができます。
　そして、代金を返してもらうのではなく、別のきれいなものと交換することは exchange といいますから、そちらを希望する場合には、

### これを交換してもらえませんか。
**Could you exchange this?**
クジュー イクスチェインジ ディス

と頼むといいでしょう。

担当者が何か説明した挙げ句、

## 申し訳ありませんが、交換はできません。
### We are sorry, but we can't exchange it.
ウィ アー ソォリィ バッ ウィ キャント イクスチェインジ イット

などといったら、それは断られたということです。担当者の態度がいいかげんだったり、商品が欠陥品だったりした時には、そこであきらめることはありません。

## マネージャーに会わせてくださいますか。
### I'd like to see the manager, please.
アイド ライク トゥ スィー ザ マネジャァ プリーズ

と要求しましょう。「責任者を出せ」を、丁寧に伝えるわけです。これだけで、対応が変わることもありえます。

### ❗ こんな場面・こんなフレーズ

**きのう買いました。**
**I bought it yesterday.**
アイ ボート イッ イエスタデイ

**まだ着ていません。**
**I haven't put it on yet.**
アイ ハヴント プット イッ オン イエット

**これは壊れています。**
**This is broken.**
ディス イズ ブロウクン

**代金を返してもらえますか。**
**Can I get a refund for this?**
キャナイ ゲット ア リファンド フォ ディス

## COLUMN

## I'm sorry.とExcuse me.の使い分け

　「I'm sorry. ＝ すみません」と覚えていると、大きな間違いをおかすことになります。日本では、喫茶店で何かを注文する時にも、知らない人に道を聞く時にも、「すみません」をよく使いますが、これを、I'm sorry. と訳すことはできません。

　I'm sorry. は、自分の非を認め、謝罪する時に使う言葉。「申し訳ありません」「本当にごめんなさい」と、謝る言い回しなのです。軽々しく口にすると、「非を認めたのだから責任をとれ」と、賠償を要求されることになりかねません。ただし、不幸な出来事があったときなどに、「残念です」「お悔み申し上げます」という意味で使われることもあります。

　では、日本人がよく使う「すみません」にあたる言葉は何かというと、Excuse me. です。「失礼します」の意味で、謝っているのではなく、失礼は承知だが、それ相応の理由があるので意思を通させてもらう、という場合に使います。

　日本人にとって本当に必要なのは、この Excuse me.でしょう。他人と身体が触れそうな時や、触れた時などにも使えます。バスから降りる時など、無言のまま身体に触れるのは大変失礼。トラブルにもなりかねないことを覚えておいてください。

# レストラン

いい店の見つけ方から
おいしい料理を味わう方法まで

5章

## ● お勧めのレストランをたずねる ●

### いいレストランを紹介してください。
**Please recommend a good restaurant?**
プリーズ レカメンド グッド レスタラント

　レストランの情報を得るためには、ホテルや観光案内所でこう聞いてみます。その際には、どんな店がいいのかという希望を続けて伝えると確実でしょう。
　たとえば、その土地ならではの料理が食べたいなら、

### このあたりの郷土料理が食べたいのです。
**I'd like to have the local food.**
アイド ライク トゥ ハヴ ザ ロゥコゥ フード

というように表現できます。
　奮発して高級レストランで夕食を取りたい時には、ホテルのコンシェルジェが頼りになります。コンシェルジェは、その道のプロで情報通ですから、いい店を教えてくれるはずです。その場合、場所や行き方だけでなく、

### 予約は必要ですか。
**Do I need a reservation?**
ドゥ アイ ニーダ レザヴェイション

と、予約の必要性についても聞いておくこと。一般的に、高級レストランは予約して行くものですし、評判の店なら、確実に席を予約しておく必要があります。
　そこで、はじめからコンシェルジェに、

### 予約を入れてもらえませんか。
**Could you make reservations for me?**
クジュー メイク レザヴェイションズ フォ ミー

と頼むこともできます。その時には、自分の名前、人数、希望の時間を伝えます。

　一方、遅い時間になってから食事をしたい場合には、

### そのレストランは何時まで開いていますか。
How late is that restaurant open?
ハウ レイト イズ ザット レスタラント オゥプン

とたずねます。

**❗ こんな場面・こんなフレーズ**

### このあたりに日本食のレストランはありますか。
Is there a Japanese restaurant around here?
イズ ゼアラ ジャパニーズ レスタラント アラウンド ヒア

### そのレストランの自慢の料理はどんなものですか。
What is the speciality of the restaurant?
ワァット イズ ザ スペシャリティ オブ ザ レスタラント

### どのレストランを勧めますか。
Which restaurant do you recommend?
ウィッチ レスタラント ドゥ ユー レカメンド

### そのレストランは値段が高いですか。
Is that restaurant expensive?
イズ ザット レスタラント イクスペンスィヴ

---

**◆　　　レストランワンポイント　　　◆**

　レストランを紹介してもらう時には、料理の種類や店の雰囲気、予算などの希望を明確にしておきましょう。「何でもいいからいい店を」というのでは、相手も困りますし、満足のいく結果は得られません。また、高級レストランには予約を入れること。ドレスコードや、カードが使えるかどうかも確認しておきましょう。

## レストランの予約をする

### 今夜7時に予約を入れたいのですが。
**I'd like to make a reservation for 7 tonight.**
アイド ライク トゥ メイクァ レザヴェイション フォ セヴン トゥナイト

　レストランの予約をする時には、電話でこのようにいいます。すると、次のようなお決まりの質問をしてきます。

### 何名様ですか。
**How many people are in your party?**
ハウ メニィ ピープォ アー イン ユァ パーティ

　これには、たとえば2名なら Two. と、簡単に人数を答えればOKです。その日時に希望した人数分の予約ができる場合には、次に、**A party of two for seven.**（7時に2名様ですね）などと復唱するはずです。時間や人数に間違いがあれば、その時に訂正します。そして、

### お名前と電話番号をいただけますか。
**May I have your name and phone number?**
メァイ ハヴ ユァ ネイム アン フォウン ナンバァ

と聞かれるので、難しく考えずに、My name is 〜, and the phone number is 〜. と答えましょう。

　このように、予約に際して必要なのは、日時と人数、名前、電話番号。これらを伝えれば、予約は完了します。

　ただし、人気の高いレストランの場合、電話をした時点で、すでに予約がいっぱいの可能性があります。

### 申し訳ありませんが、今夜はいっぱいです。
**I'm sorry, but we are quite full tonight.**
アイム ソォリィ バッ ウィ アー クワイト フル トゥナイト

などといわれたら、断られたということ。旅の日程の都合などで、その日しか空いていない時には、

## わかりました。また今度にしましょう。
All right. I'll try another time.
オー ライト アイル トゥライ アナザァ タイム

といって、電話を切ります。

### ❗ こんな場面・こんなフレーズ

## 今夜7時に2名の予約をしたいのですが。
I'd like to reserve a table for two at 7.
アイド ライク トゥ リザーヴァ テイボゥ フォ トゥ アッ セヴン

必要な要素を、一度にすべて伝える言い回しです。

## 窓際の席がいいのですが。
I'd like a table near the window.
アイド ライクァ テイボゥ ニア ザ ウィンドウ

特に希望があれば、頼んでみましょう。

## 何時なら予約できますか。
What time can I make a reservation?
ワァッタイム キャナイ メイクァ レザヴェイション

## 6時ではいかがですか。
May I suggest six?
メアイ サジェスト スィックス

## すみません、20分くらい遅れます。
I'm sorry, but I'll be about 20 minutes late.
アイム ソゥリィ バッ アイル ビィ アバウト トゥウェンティ ミニッツ レイト

## メニューを見せてもらう

### メニューをもらえますか。
**May I see the menu?**
メアイ スィー ザ メニュー

　テーブルへ案内されたあと、なかなかメニューを持ってきてくれない時には、こう頼みましょう。ただし、テーブルを担当するウエイターは決まっていますから、ほかの人に頼んでしまわないように、気をつけましょう。

　何か頼む時には、Excuse me.（すみません）と呼びかけますが、離れたところにいる相手に向かって大声を出すのは、マナー違反です。目を合わせて合図すると、来てくれます。

### 何かお飲みになりますか。
**Would you like something to drink?**
ウジュー ライク サムスィング トゥ ドゥリンク

　食事の注文をする前に、ウエイターからこう聞かれます。これは、アペリティフはどうかという意味なので、たとえばマティーニを飲むなら、

### マティーニをください。
**Martini, please.**
マァティーニ プリーズ

と、簡単に答えればOK。アペリティフとしては、シェリーやキール、キール・ロワイヤルなども向いています。お酒に弱い人は、ミネラルウオーターなどを頼んでもいいでしょう。食事に合わせるワインも、それを飲みながらじっくりと決めればいいわけです。

ワインリストを持ってきてほしいなら、

## ワインリストを見たいのですが。
**I'd like to see the wine list.**
アイド ライク トゥ スィー ザ ワイン リスト
と頼みます。

### ❗ こんな場面・こんなフレーズ

## 日本語のメニューはありますか。
**Do you have a menu in Japanese?**
ドゥ ユー ハヴァ メニュー イン ジャパニーズ
　日本料理店や日本人客の多い店で聞いてみましょう。

## どんなビールがありますか。
**What kind of beer do you have?**
ワァッカインドブ ビィア ドゥ ユー ハヴ
　その店にある銘柄を教えてもらいます。

## 炭酸の入っていないミネラルウオーターをください。
**Uncarbonated mineral water, please.**
アンカーボネイティッド ミネラゥ ウォータァ プリーズ
　炭酸入りのものが多い地域では、こう指定しましょう。

## お勧め料理を聞く

### お勧め料理は何ですか。
### What do you recommend?
ワァッ ドゥ ユー レカメンド

　メニューを見ても、どれにしていいか見当がつかないというときには、担当のウエイターに、こう聞いてみましょう。店の自慢の料理を教えてくれるはずです。

　その日の特別メニューに興味があるなら、

### 今日のスペシャルは何ですか。
### What is the special of the day?
ワァッティズ ザ スペシャル オブ ザ デイ

と聞きます。メニューを渡される時に、ウエイターのほうから教えてくれることもあります。特に希望や好き嫌いがない場合には、勧められたものの中から選んだほうが、おいしい料理に出合う確率が高くなるでしょう。

　説明を受けたものでは今ひとつと思ったら、

### 何かほかに、お勧めはありますか。
### What else would you suggest?
ワァッ エルス ウジュー サジェスト

とたずねてみるといいでしょう。

　また、特に希望がある場合には、

### この土地ならではの料理はありますか。
### Do you have any local dishes?
ドゥ ユー ハヴ エニィ ロゥコゥ ディッシュイズ

というように聞いてみます。具体的に質問したほうが、より的確な答えが返ってくるはずです。

一方、ダイエット中で肉をひかえているとか、菜食主義であるなどという場合には、

## 菜食者向けのお勧め料理はありますか。
### Can you recommend any vegetarian dishes?
キャン ユー レカメンド エニィ ヴェジタリアン ディッシュイズ

と質問しましょう。わからないことは何でも聞くことが、楽しい食事を成功させる秘訣といえます。

### ❗ こんな場面・こんなフレーズ

## 白身の肉がいいのですが。
### I'd like something with white meat.
アイド ライク サムスィング ウィズ ワイト ミィート

　鶏肉などのあっさりした肉料理がいい場合に使えます。

## おいしそうですね。
### That sounds good.
ザッ サウンズ グッド

---

### ◆ レストランワンポイント ◆

　メニューの形式は、料理の種類や店によって違いますが、一般的には、前菜（appetizer）やスープ（soup）、メイン（entreeほか）、サラダ（salad）などに分かれています。選ぶポイントは、やはり素材と調理法でしょう。肉類は、牛肉（beef）や豚肉（pork）、鶏肉（chicken）のほか、子牛（veal）、子羊（lamb）もあります。シーフードは、地域や店によってさまざまな特色があるので、あらかじめ食べたいものを調べておくか、勧めてもらうといいでしょう。一方、料理法には、焼く（grill）、ソテーする（saute）、揚げる（fry）、蒸す（steam）、長時間オーブンで焼く（roast）といったものがあります。

## 食事を注文する

### これをお願いします。
### I'll have this, please.
アイル ハヴ ディス プリーズ

メニューにある料理名を指しながらこう伝えるのが、いちばん簡単な注文の方法です。前菜やスープ、メインなどをひと通り頼む時には、and this, and this, とつなげていき、最後に please をつけます。このやり方なら、難しい料理名を読み上げる必要もなく、聞き間違いも起きないので確実です。

ウエイターは、頃合いを見計らって、

### ご注文はお決まりですか。
### Are you ready to order?
アー ユー レディ トゥ オーダァ

と聞きにきますから、その時に決まっていれば、上のような要領で注文します。

何を頼むか、まだ決めかねているような時には、

### もう少し待ってもらえますか。
### Could you give us a few more minutes?
クジュー ギヴ アス ア フュー モア ミニッツ

と伝えます。決まったというサインにメニューを閉じておくと、注文を取りにきてくれるはずです。

お勧め料理を聞いて、それにしたいと思った時には、I'll have it, please.（それをお願いします）といえばいいでしょう。また、近くのテーブルの客の食べているものが、おいしそうだと思った場合には、

### あれと同じものをもらえますか。
**May I have the same dish as that one?**
メアイ ハヴ ザ セイム ディッシュ アズ ザット ワン

というように表現できます。

また、同席している人と同じものを注文することにした場合には、

### 同じものを頼みます。
**I'll have the same thing.**
アイル ハヴ ザ セイム スィング

というだけで通じます。

とはいえ、せっかくのいい機会ですから、簡単な料理名くらいは、I'll have 〜. と、口に出して伝えたいものです。何度かいっているうちに、苦にならなくなるでしょう。

#### ❗ こんな場面・こんなフレーズ

### 注文したいのですが。
**May I order now?**
メアイ オーダァ ナウ

急ぐ時にはウエイターを呼んで、こういいます。

### 野菜スープから始めます。
**I'll start with vegetable soup.**
アイル スタァト ウィズ ヴェジタボゥ スープ

### それにしてみようと思います。
**I think I'll try that.**
アイ スィンク アイル トゥライ ザット

### 申し訳ありません。クラムチャウダーは切らしています。
**Sorry, but we are out of clam chowder.**
ソゥリィ バッ ウィ アー アウト オブ クラム チャウダー

## 肉の焼き加減を指定する

### ウエルダンにしてください。
**Well-done, please.**
ウェルダン プリーズ

　ステーキの焼き加減は、ミディアムレア（medium rare）、ミディアム（medium）と指定して答えます。

　これ以外にも、アメリカなどでは選択できる要素が多く、注文の時にはいろいろな質問を受けます。

### ステーキの焼き加減はどうなさいますか。
**How would you like your steak?**
ハウ ウジュー ライク ユア ステイク

が、最初の答え方をする問いですが、選択する必要がある場合、必ずこうした質問を受けます。

　たとえば、メインのつけあわせ。メニューには、ポテトやライスなどの選択肢が書かれているはずです。

### ポテトとライスのどちらになさいますか。
**Would you like potatoes or rice?**
ウジュー ライク ポテイトゥズ オァ ライス

　などと聞かれた場合には、

### ベイクドポテトをお願いします。
**Baked potatoes, please.**
ベイクド ポテイトゥズ プリーズ

というように答えます。単に Potatoes, please. というと、今度は Mashed, baked or French fries?（マッシュポテト、ベイクドポテト、それともフライドポテトですか）と聞かれるので、最初から指定しておくのです。

サラダを注文する場合には、

## どのようなドレッシングになさいますか。
### What kind of dressing would you like?
ワッカインドブ ドレッスィング ウジュー ライク

と、ドレッシングの好みを聞かれるので、please をつけて答えます。一般的には、イタリアン、フレンチ、サザンアイランド、ロシアンなどがありますが、

## どんなものがありますか。
### What do you have?
ワッ ドゥ ユー ハヴ

と、逆に聞いてみてもいいでしょう。

また、デザートは、食事がすんでから注文します。

## デザートはいかがですか。
### Would you like something for dessert?
ウジュー ライク サムスィング フォ ディザート

と聞かれるので、満腹なら、Just coffee, please.（コーヒーだけでけっこうです）などと答えればOKです。

**❗ こんな場面・こんなフレーズ**

## スープにしますか、サラダにしますか。
### Soup or salad?
スープ オァ サァラッド

## 料理(アントレ)のつけあわせは何になさいますか。
### What would you like with your entree?
ワット ウジュー ライク ウィズ ユァ アーントレィ

## デザートのメニューを見せてください。
### May I see the dessert menu?
メアイ スィー ザ ディザート メニュー

## 服装の決まりをたずねる

### 服装の決まりはありますか。
### Is there a dress code?
イズ ゼアラ ドレス コウド

　高級レストランに予約を入れる場合には、必ずこう確認しましょう。厳密な規定がなくても、どのような服装がふさわしいかがわかります。一般的な答え方としては、

### 男性はジャケット着用をお願いします。
### Jackets are requested for men.
ジャケッツ アー リクエスティド フォ メン

というもの。この jacket は、カジュアルなジャンパーなどではなく、背広のようなタイプのものを指します。ある程度以上のレストランで食事をしたかったら、スーツと革靴を持っていくと便利でしょう。

　一方、女性については、

### 女性はドレス着用ですか。
### Should the ladies wear dresses?
シュッ ザ レイディズ ウェア ドレスィズ

と聞いてみるといいでしょう。答えが Yes の場合、ワンピースなどでドレスアップしましょう。この dress は、フォーマルなドレスということではありません。

　ドレスコードがあることを知らずに行くと、店の中に入れてもらえないかもしれません。南のリゾート地などで、Tシャツと短パン、スニーカーというスタイルだった場合、出直すしかないでしょう。

　襟つきシャツと長ズボンを身につけている男性なら、

レストラン **155**

## では、どうすればいいですか。
### What can I do now?
ワット キャナイ ドゥ ナウ

と粘ってみると、店のほうでジャケットを貸してくれる可能性はあります。とはいえ、気分よく食事を楽しむには、その場にふさわしい服装をしていくことがいちばんです。

> **こんな場面・こんなフレーズ**

### どういった服装の決まりがありますか。
### What is your dress code?
ワット イズ ユア ドレス コウド

### ネクタイとジャケットを着用すべきですか。
### Should I wear a jacket and tie?
シュダイ ウェア ア ジャケット アン タイ

### ジャケットを貸していただけませんか。
### Could I borrow a jacket?
クダイ ボロウ ア ジャケット

## 料理の残りを持ち帰りたい

### これを持ち帰りたいのですが。
**Could I take this home?**
クダイ テイク ディス ホウム

アメリカなどのレストランの料理は、ボリュームたっぷり。残してしまった時には、担当のウエイターに、このように頼みましょう。ほとんどの場合、持ち帰りができます。

料理が残っているとわかると、

### お持ち帰りになさいますか。
**Would you like to take out?**
ウジュー ライク トゥ テイク アウト

と、ウエイターのほうから聞いてくることも少なくありません。そうしたければ、Yes, please.（はい、お願いします）と、簡単に答えればいいでしょう。

また、アメリカでは、

### 持ち帰り用の袋に入れてもらえますか。
**Can I have a doggie bag?**
キャナイ ハヴァ ドギー バッグ

といった表現も、よく使います。doggie bag とは、本来、「犬のために食べ残しを持って帰る袋」という意味ですが、実際には、自分たちが食べる時にもこの言葉を使います。

さらに、このほかにも、

### これを包んでもらえませんか。
**Could you wrap this for me?**
クジュー ラップ ディス フォ ミー

といったような言い回しが使えます。

レストラン **157**

## ❗ こんな場面・こんなフレーズ

# これを持ち帰っていいですか。
## May I take this out?
メアイ テイク ディス アウト

take out を使って、こう頼んでもいいでしょう。

### ◆ レストランワンポイント ◆

　合理的な考え方をするアメリカでは、食べ残しを持ち帰るのは当然のこととして捉えられています。恥ずかしいことではありません。注文した料理が予想以上のボリュームだったという場合には、無理せずに残して、持ち帰るようにするといいでしょう。ウエイターに、「持ち帰りたい」と伝えると、皿を下げて容器に詰めてきてくれるか、容器をテーブルに持ってきてくれます。アルミホイルだったり厚紙の入れ物だったりただの袋だったり、用意される容器はさまざまです。また、中華料理店の場合には、テイクアウトや配達を受け付けている店が多く、スープなども持ち帰りができます。

## 勘定をお願いする

### 勘定をお願いします。
**Check, please.**
チェック プリーズ

　食事を満喫し、支払いをして帰るときになったら、担当のウエイターにこう頼んで、勘定書を持ってきてもらいます。コーヒーやデザートを終える頃には、

### 食事はいかがでしたか。
**How's everything?**
ハウズ エヴリスィング

というように聞かれるので、料理にもサービスにも満足したなら、Wonderful! とか Great!、まあまあなら Good. などと答えるといいでしょう。それからお勘定を頼むと、スムーズにいきます。

　一般的に、支払いはテーブルで行ないます。勘定書を受け取ったら、まずは明細と合計額を確認します。わからないところがあったら、

### これは何ですか。
**What is this?**
ワァット イズ ディス

と質問するといいでしょう。間違ってほかのテーブルの勘定書を渡された時には、**This is not our check.**（これは私達の勘定書ではありません）といって返します。

　また、チップ（tip）が必要な地域でも、合計額の前に service charge（サービスチャージ）が加えられていたら、すでに加算されているので不要だということです。よくわ

からなければ、

## サービスチャージは含まれていますか。
### Does it include service charge?
ダズィッ インクルード サーヴィス チャージ

と確認するといいでしょう。

　納得できたら、クレジットカードか現金をトレイにいっしょに置きます。ウエイターはこれを持っていき、領収書やお釣りを持ってもどってくるというシステムです。

### ❗ こんな場面・こんなフレーズ

## 何かほかにご注文はありませんか。
### Could I get you anything else?
クダイ ゲット ユー エニィスィング エルス

　何もなければ、No, thank you. と答えます。

◆ **レストランワンポイント**

　カードで支払う場合、伝票の service charge の欄にチップを書き込み、合計額を記入してからサインします。チップは、料金の15％程度が目安。こうすれば、現金でチップを置かなくてすみます。合計額を空欄のままにしてサインしないように注意しましょう。現金で支払う場合には、お釣りをもらってからテーブルにチップを置くか、はじめからチップを加えた額を渡すようにします。また、レジ（cashier）で支払いをする店では、チップはテーブルに残し、レジで料金を支払います。

## バーでお酒を楽しむ

### スコッチをオンザロックでお願いします。
### I'll have Scotch on the rocks.
アイル ハヴ スカッチ オン ザ ロックス

　バーで注文をする時には、このようにいいます。ビールは、I'll have a AAA. というように、銘柄を挙げて注文しますが、ウイスキーなども、同じように銘柄で頼むことができます。カクテルも同じです。カウンターで飲む場合には、支払いは一杯ずつ、現金ですませるのが一般的です。

　つまみが欲しい時には、

### 何か食べるものはありますか。
### Do you have something to eat?
ドゥ ユー ハヴ サムスィング トゥ イート

と聞いてみるといいでしょう。店によりさまざまですが、メニューが用意されていることもあります。

　バーテンダーは、グラスが空になると、

### おかわりはいかがですか。
### Would you like another one?
ウジュー ライク アナザァ ワン

　などと声をかけてくるので、Yes, please.（はい、お願いします）、または、No, thank you.（いいえ、けっこうです）と答えます。

　一方、自分からおかわりを頼む時には、

### おかわりをください。
### Same thing, please.
セイム スィング プリーズ

と、簡単にいうだけでOKです。

> **こんな場面・こんなフレーズ**

スコッチの水割りをください。
Scotch and water, please.
スカッチ アン ウォータァ プリーズ

アルコールの入っていない飲み物はありますか。
Do you have any soft drinks?
ドゥ ユー ハヴ エニィ ソフト ドゥリンクス

この席は空いていますか。
Is this seat taken?
イズ ディス スィート テイクン

これは私のおごりです。
This is on me.
ディス イズ オン ミー

どこで払うのですか。
Where do I pay?
ウェア ドゥ アイ ペイ

## ファストフード店で

### ここで食べます。
**It's for here.**
イッツ フォ ヒア

　マニュアルどおりに話しかけられるファストフード店で、最初に口にするのは、この言葉です。というのも、

### ここで召し上がりますか、お持ち帰りですか。
**Will that be for here or to go?**
ウィル ザット ビィ フォ ヒア オァ トゥ ゴウ

が、はじめの質問だからです。Will that be の部分が省略されて、For here or to go? となることもよくあります。持ち帰る場合には、To go, please. と答えます。

　次に注文をします。たとえば、

### ハンバーガーとSサイズのフライドポテトをください。
**I'll have one hamburger, one small fries.**
アイル ハヴ ワン ハンバァガァ ワン スモール フライズ

となります。I'll have のあとに、欲しいものをならべるだけでいいのですが、ここで大切なのが、数とサイズ。注文するものの前に one、two などをつけ、サイズが分かれているものは次に入れます。S、M、L は、それぞれ small、medium、large と表現する点にも注意しましょう。

　また、ピクルスやタマネギなど、嫌いなものがあって、それを抜いてほしい時には、

### ハンバーガーはピクルス抜きにしてください。
**No pickles in the hamburger, please.**
ノー ピクルス イン ザ ハンバァガァ プリーズ

と頼んでみるといいでしょう。注文に応じて作っているタイプの店なら、希望どおりにしてくれます。

さて、注文が終わったら、

### ほかにご注文はありませんか。
**Will that be all?**
ウィル ザット ビィ オール

などと聞かれるので、ほかに何もなければ、Yes, that's all. と答えます。同じ意味で、That's all?　That's it? などというくだけた言い方をされることもよくあります。

#### ❗ こんな場面・こんなフレーズ

### オリジナルピザをひと切れください。
**A slice of original pizza, please.**
ア スライス オブ オリジナル ピーツァ プリーズ

### ほかにご注文はありませんか。
**Anything else?**
エニィスィング エルス

上のいい方だけでなく、こんなふうに聞かれることもあります。

### ケチャップをつけてください。
**With ketchup, please.**
ウィズ ケチャップ プリーズ

---

◆　　　　レストランワンポイント　　　　◆

　アメリカには、サンドイッチやピザなどのファストフード店もあります。サンドイッチの場合、店によっては、パンの種類から野菜、マヨネーズなどの調味料などについてまで聞かれますから、ほかの人がどう注文しているか、参考にするといいでしょう。

## 注文と違う料理がきた

### これは、私が注文したものではありません。
**This is not what I ordered.**
ディス イズ ノット ワット アイ オーダァド

　運ばれてきたら、注文した料理とは違っていた……。そんな時には、この表現を使って、間違いを指摘しましょう。すぐに、伝票と照合してくれるはずです。
　一方、注文をしてから長い時間がたったのに、料理が運ばれてこない……というトラブルもありえます。おかしいと思ったら、担当のウエイターを呼んで、

### 注文したものをずっと待っているのですが。
**I'm still waiting for my order.**
アイム スティル ウェイティング フォ マイ オーダァ

と、丁寧にいいましょう。有能なウエイターは、担当するテーブルの客が気持ちよく食事ができるように、常に気を配っていますが、皆が皆、そういうわけではありません。忘れられていると思ったら、自分から働きかけることです。
　もしも、思うような反応が得られなかったら、

### どうなっているのか調べてみてください。
**Could you check what is going on?**
クジュー チェック ワッツィズ ゴゥイング オン

といって、対応を求めます。
　それでも、調理場の様子を見に行ったウエイターが、状況を説明しにこない場合もあるかもしれません。また、「もうこれ以上待てない」と思うこともあるでしょう。そういう時には、何とか合図を送ってテーブルに呼び、

## 注文を取り消したいのですが。
**I'd like to cancel my order.**
アイド ライク トゥ キャンスゥ マイ オーダァ

と伝えるといいでしょう。もちろん、相手の落ち度が理由で取り消すのですから、代金を支払う必要はありません。

### こんな場面・こんなフレーズ

## 急いでもらえますか。
**Could you rush my order?**
クジュー ラッシュ マイ オーダァ

なかなか料理がこなければ、こういうこともできます。

## 注文したのは30分前です。
**I ordered thirty minutes ago.**
アイ オーダァド サァティ ミニッツ アゴゥ

どれだけ時間が経過したか、はっきりさせる方法です。

## マネージャーと会いたいのですが。
**I'd like to see the manager.**
アイド ライク トゥ スィー ザ マネジャァ

## 料理に問題がある

### この魚は生焼けです。
**This fish isn't cooked enough.**
ディス フィッシュ イズント クックトゥ イナフ

　魚を食べようとしたら、中のほうまで火が通っていなかった、などという時には、ウエイターを呼んで、このように伝えます。豚肉（pork）や鶏肉（chicken）でも同じです。生焼けとわかれば、すぐに対応してくれるはずです。

　相手が長々と弁明を始めた時には、

### これはレアすぎます。
**This is too rare.**
ディス イズ トゥー レア

### もう少し火を通してもらえませんか。
**Could you cook it a little more?**
クジュー クック イット ア リトゥル モア

と頼むといいでしょう。たとえ独特の料理法だとしても、不安のあるものは口にしないのが得策です。

　一方、スープの中に異物を発見した場合には、

### スープに髪の毛が入っています。
**There's a hair in my soup.**
ゼアズ ア ヘア イン マイ スープ

　などと表現します。虫（bug）やハエ（fly）が入っていたり、紅茶（tea）やコーヒー（coffee）の中にあった場合にも、同じ言い回しができます。

　料理に何か問題があって、新しいものと交換してほしいという場合には、

## 新しいものとかえてくれませんか。
**Could you give me a new dish of these?**
クジュー ギヴ ミー ア ニュー ディッシュ オブ ディーズ

という言い方を使うといいでしょう。

また、グラスが汚れていた時も、ためらうことはありません。新しいものを持ってきてもらうこと。

## ほかのグラスをもらえませんか。
**Could I have another glass?**
クダイ ハヴ アナザァ グラス

といって、It's not very clean.（あまりきれいではないようです）などとつけたせば、用件は伝わります。

### ❗ こんな場面・こんなフレーズ

### このステーキは焼きすぎだと思いますが。
**I'm afraid this stake is overdone.**
アイム アフレイド ディス ステイク イズ オゥヴァーダン

### このお茶は生ぬるいのですが。
**This tea is lukewarm.**
ディス ティー イズ ルークウォーム

### これを温めてくれますか。
**Can you heat this?**
キャン ユー ヒート ディス

### ナイフを落としてしまいました。
**I dropped a knife.**
アイ ドロップトゥ ア ナイフ

## 丁寧な言葉でものを頼む

　ぜひマスターしたいのが、丁寧なものの頼み方です。アメリカ人はくだけた表現を使うと思っている人も多いでしょうが、そこには、ネイティブスピーカーならではの使い分けがあるのです。しかし、日本人には聞き取りにくいため、同じように聞こえがちなのです。

　ものを頼む表現には、Will you ～？ や Can you ～？、そして、Would you ～？ Could you ～？ などがあります。あとのふたつは、「～していただけませんか」という丁寧な表現なので、よく知らない相手には、こちらを使ったほうがいいと覚えておきましょう。

　というのも、Will you ～？は相手の意思を、Can you ～？は相手が可能かどうかを、直接的に問う意味が強くなるからです。ストレートに要求をぶつけているように聞こえるので、気持ちよくコミュニケーションをとるには、もっと丁寧な表現がふさわしいといえます。

　また、I want ～. は、お願いではなく、命令に近いいい方です。かなり横柄で失礼になるので、何かをしたい、欲しいという時には、I'd like ～. と、丁寧に伝えるように気をつけましょう。

# 観光・レジャー

観る・遊ぶ　あらゆる
アクティビティを満喫する！

6章

## 観光名所をたずねる

### お勧めの場所はありますか。
**What spots do you suggest?**
ワッツ スパッツ ドゥ ユー サジェスト

　旅を充実させるためには、情報収集が肝心です。観光案内所に立ち寄って、アドバイスを受けましょう。場所がわからなければ、

### 観光案内所はどこですか。
**Where is the tourist information office?**
ウェアリズ ザ トゥァリスト インフォメイション オフィス

とたずねましょう。たいていは中心街にあって、観光客の貴重な情報源の役割を果たしています。

　とはいえ、大きな町では、漠然と「おもしろいところに行きたい」といっても、担当者は答えにくいものです。どんなところに行きたいのか質問されたら、名所旧跡（historic spot）、博物館（museum）などと、希望を伝えましょう。

　観光名所の説明を受ける前に、

### 町の地図をもらえますか。
**I'd like a city map.**
アイド ライクァ スィティ マップ

と頼むのも手です。目指すべき地点に印をつけてもらいながら話を聞くほうが、わかりやすいからです。それに、そこまでの行き方も確認できます。何かほかのものが欲しい場合にも、この言い回しを使って表現することができます。

　たとえば、いちばんにぎやかな場所に行きたいなら、

## 町でいちばん活気のある場所はどこですか。
### Where is the most lively area in this town?
ウェアリズ ザ モスト ライヴリィ エァリア イン ディス タウン

といった聞き方をしてもいいかもしれません。

いずれにしても、最後は、Thank you for your help.（手を貸してくれてありがとう）とお礼をいってから、その場を立ち去るようにしましょう。

### ❗ こんな場面・こんなフレーズ

## この町で必ず見るべきものは何ですか。
### What is the "must-see" in this town?
ワァット イズ ザ マスッスィー イン ディス タウン

## 観光案内のパンフレットはありますか。
### Do you have a sightseeing brochure?
ドゥ ユー ハヴァ サイトスィーイング ブロウシュア

## どんな特徴がありますか。
### What is the main characteristic?
ワァット イズ ザ メイン キャラクタリスティック

---

### ◆ 観光ワンポイント ◆

　観光案内所には、無料の地図やパンフレットなどが用意されているので、行く場所がある程度決まっている場合でも、入手しておくといいでしょう。日本のガイドブックには載っていないような、最新の情報も得られます。また、英語に自信がなくても、相手の目を見てコミュニケーションをとるようにしましょう。妙におどおどしたり、質問に対して何も答えなかったりすると、スムーズに事が運ばないものです。

## 観光ツアーをさがす

### 観光バスはありますか。
**Are there any sightseeing buses?**
アー ゼア エニィ サイトスィーイング バスィズ

　観光ツアーに興味があるなら、観光案内所かホテルで、このように聞いてみましょう。いろいろな種類のパンフレット（brochure）が用意されているはずです。

　大都市や観光地では、さまざまなツアーがあるので、

### 半日のツアーがいいのですが。
**I'd like a half-day tour.**
アイド ライクァ ハーフデイ トゥァ

　などと希望を伝えて、希望に合うものをさがしてもらいましょう。必ず訪れたい場所があるなら、**I'd like to see the ABC Tower and EFG Center.**（ABCタワーとEFGセンターに行きたいのですが）などと説明します。

　日本語を話すガイドに案内してもらいたいのなら、

### 日本語を話すガイドをお願いしたいのですが。
**I'd like a Japanese-speaking guide.**
アイド ライクァ ジャパニーズ スピーキング ガイド

と聞いてみます。

　よさそうなツアーがあったら、

### ツアーが出発する場所と日時はどうなっていますか。
**When and where does the tour start?**
ウェン アン ウェア ダズ ザ トゥァ スタァト

と、詳細を確かめます。もちろん、How much does it cost？と、値段を聞くことも忘れてはいけません。

観光・レジャー

参加することに決めたら、

**ここで予約することはできますか。**
**Could I make a reservation here?**
クダイ メイクァ レザヴェイション ヒア

と聞いてみましょう。ツアーを主催する旅行会社に手配してもらえれば安心です。

### ❗ こんな場面・こんなフレーズ

**それは何時間かかりますか。**
**How many hours does it take?**
ハウ メニィ アゥワズ ダズィッ テイク

**そのツアーには食事がついていますか。**
**Does the tour include meals?**
ダズ ザ トゥァ インクルード ミールズ

**日本語のパンフレットはありますか。**
**Do you have a brochure in Japanese?**
ドゥ ユー ハヴァ ブロウシュア イン ジャパニーズ

**料金には何が含まれますか。**
**What does the price include?**
ワァッ ダズ ザ プライス インクルード

---

### ◆ 観光ワンポイント

滞在日数が短い場合、観光バスに乗っておもな見どころをまわるのも、効率的な方法でしょう。近郊の観光地を訪れるツアーや、夜にショーを見に行くツアーなどもあります。ツアーを選ぶ時には、パンフレットによく目を通し、料金に何が含まれているかを細かくチェックすることが大切です。ホテルへの送迎サービスが利用できる場合もあるので、確認するといいでしょう。

## 写真撮影が可能か確かめる

### ここで写真を撮ってもいいですか。
**Can I take pictures here?**
キャナイ テイク ピクチャズ ヒア

　美術館や博物館、教会の内部、または軍事施設の近くなどで写真を撮る時には、職員やガイドに、必ずこのように確認しましょう。禁止された場所で写真を撮って、トラブルにならないように、くれぐれも注意が必要です。美術館や博物館では、フラッシュは禁止という場合もあるので、

### フラッシュを使ってもいいですか。
**May I use a flash?**
メアイ ユーズ ア フラッシュ

と、重ねて確かめておきましょう。
　一方、観光名所などを背景に、自分達の写真を誰かに撮ってもらいたいときには、

### 写真を撮ってもらえませんか。
**Would you take our picture?**
ウジュー テイク アゥワ ピクチャ

と頼みましょう。もちろん、カメラを持ち逃げされないように、相手を選ぶ必要があります。引き受けてくれたら、

### そのボタンをおすだけです。
**Just press the button.**
ジャスト プレス ザ バトゥン

と、カメラを渡しながら説明します。
　また、写真を撮ってもらうのではなく、相手の写真を撮りたいという場合には、

## あなたの写真を撮らせてもらえませんか。
### Could I take your picture?
クダイ テイク ユア ピクチャ

と、必ず承諾をとること。相手の気持ちを考え、風景の一部であるかのように、勝手に写真を撮るのはやめましょう。深刻なトラブルにつながるおそれもあります。

**❗ こんな場面・こんなフレーズ**

## 私達といっしょに写真に入ってもらえますか。
### May I take your picture with us?
メアイ テイク ユア ピクチャ ウィズ アス

　写真に加わってもらいたい時には、こういいます。

## もう1枚撮ってもらえますか。
### Could you take another one?
クジュー テイク アナザァ ワン

## ビデオを撮影してもいいですか。
### Can I take videos here?
キャナイ テイク ヴィデオゥズ ヒア

「写真はOKでもビデオは禁止」という場合もあります。

## チケットを入手する

### チケットの入手方法を教えてください。
**How can I get the tickets?**
ハウ キャナイ ゲット ザ ティケッツ

　ミュージカルやコンサートなどに行きたい時には、この言い回しでチケットの入手方法をたずねましょう。観光案内所には、エンターテインメントの情報もそろっています。
　一般的には、劇場の窓口（box office）に行く方法が確実でしょう。見取図（diagram）を見ながら席を選ぶと、その場でチケットを受け取ることができます。
　その日の公演が見たいなら、

### 今夜のチケットはまだ手に入りますか。
**Can I still get any tickets for tonight?**
キャナイ スティル ゲット エニィ ティケッツ フォ トゥナイト

と聞いてみます。大ヒット中のミュージカルなどは、売り切れ（sold out）になっているかもしれませんが、直前ならキャンセルが出る可能性もあります。
　その日のチケットは売り切れたといわれても、そこであきらめないで、

### 何日のチケットなら手に入りますか。
**For what day are tickets available?**
フォ ワァッデイ アー ティケッツ アヴェイラボゥ

と、質問してみましょう。その町を離れるまでの間に、空きがあるかもしれません。
　一方、エージェンシーやホテルのコンシェルジェなどに手配を頼む場合には、

## ステージ正面の席がいいのですが。
**I'd like seats in front of the stage.**
アイド ライク スィーツ イン フロント オブ ザ ステイジ

などと、希望を伝えるようにします。
また、その際には、

## 何時に始まりますか。
**What time does it start?**
ワッタイム ダズィッ スタァト

と、具体的な情報を得ておく必要もあるでしょう。

### ❗ こんな場面・こんなフレーズ

## いちばん人気のあるミュージカルは何ですか。
**What is the most popular musical?**
ワァット イズ ザ モスト ポピュラァ ミューズィカル

## そのミュージカルはどこで見られますか。
**Where can I see the musical?**
ウェア キャナイ スィー ザ ミューズィカル

## 今夜の出し物は何ですか。
**What is showing tonight?**
ワァット イズ ショウイング トゥナイト

---

### ◆ 観光ワンポイント ◆

　チケットエージェンシー（ticket agency）を利用すれば、電話１本でチケットの手配ができます。ふつうはクレジットカードで支払うので、クレジット番号と有効期限を伝えられるように、手元に用意しておきましょう。手数料がかかる点も、考慮に入れる必要があります。電話でのやりとりに不安がある場合には、観劇を組み込んだ観光ツアーに参加するという方法もあります。

## スポーツ観戦を楽しむ

### ヤンキースの試合はいつありますか。
**When are the Yankees playing?**
ウェン アー ザ ヤンキース プレイング

　地元チームの試合の予定を知りたい時には、このように聞いてみます。プロスポーツの観戦はまたとない経験になりますから、チケットが入手できるかどうか試してみるといいでしょう。

### チケットはまだ手に入りますか。
**Are any tickets still available?**
アー エニィ ティケッツ スティル アヴェイラボゥ

と質問すれば、チケットが残っているかどうかわかります。当日になってキャンセルが出たものが、球場の窓口で売り出されることもあります。

　また、野球やフットボールの試合の球場は、郊外にあることも多いので、

### 球場はどこにありますか。
**Where is the stadium?**
ウェアリズ ザ ステイディアム

と聞いておきましょう。電車やバスなどにどこから乗り、どこで降りるのかを確認しておく必要があります。

　また、試合の開始時間については、

### 試合は何時に始まりますか。
**What time does the game start?**
ワァッタイム ダズ ザ ゲイム スタァト

というように確かめておきます。

観光・レジャー

## こんな場面・こんなフレーズ

**NBAの試合が見たいのですが。**
I'd like to go to see an NBA game.
アイド ライク トゥ ゴゥ トゥ スィー アン エヌビーエイ ゲイム

**2、3日のうちに試合がありますか。**
Are there any games in the next few days?
アー ゼア エニィ ゲイムズ イン ザ ネクスト フュー デイズ

**外野席を3枚ください。**
Can I have three seats in the upper deck?
キャナイ ハヴ スリー スィーツ イン ズィ アパー デック

### 観光ワンポイント

　アメリカの野球（Major League）、バスケットボール（NBA）、アメリカンフットボール（NFL）、アイスホッケー（NHL）の観戦をしたい場合、チケットエージェンシーに頼むのが一般的な方法です。確実に手に入れたかったら、出発前に日本で手配しておくといいでしょう。日本からの観戦ツアーもあります。

## 美術館・博物館をたずねる

### ピカソの絵はどこにありますか。
**Where can I find the paintings of Picasso?**
ウェア キャナイ ファインド ザ ペインティングズ オブ ピカソ

　美術館や博物館で、特に見たい展示品があるときには、館内が広い場合、すべて見てまわる時間的な余裕はないかもしれません。したがって、事前にこのように聞いてみるといいでしょう。

　入り口でパンフレットをもらい、どこに何の展示がしてあるのかを確認しておくと、効率的にまわることができます。パンフレットが見当たらなければ、

### パンフレットをもらえますか。
**May I have a brochure?**
メアイ ハヴァ ブロウシュア

といって入手しましょう。

　入館料（admission fee）を支払う時には、窓口で、Two adults, please.（大人2枚ください）というように、簡単に人数を伝えればOKです。学生割引を利用する時には、Two students, please. などといいます。その際に、

### 何か特別な展示会がありますか。
**Do you have any special exhibitions?**
ドゥ ユー ハヴ エニィ スペシャル エクスィビションズ

と、聞いてみるのもいいでしょう。期間限定の展示が見られるかもしれません。もちろん、そうした情報は、パンフレットにも記載されているはずです。

　解説つきで館内を案内するツアーに参加したい時には、

## 館内のツアーはありますか。
### Do you have a tour?
ドゥ ユー ハヴァ トゥァ

と質問します。ただし、英語を聞き取る自信がなければ、自分でまわったほうがいいかもしれません。

閉館時間を確かめたい時には、

## 何時に閉館しますか。
### What time do you close?
ワァッタイム ドゥ ユー クロウズ

と聞きます。

> **こんな場面・こんなフレーズ**

## カフェはありますか。
### Do you have a cafe?
ドゥ ユー ハヴァ カフェ

大きな美術館や博物館にはたいていカフェがあります。

## ポストカードはありますか。
### Do you have postcards?
ドゥ ユー ハヴ ポゥストカーズ

---

### ◆ 観 光 ワ ン ポ イ ン ト ◆

　日本人がたくさん訪れる美術館・博物館では、日本語のパンフレットが用意されていることもあります。閉館時間は、曜日によって異なる場合もあるので、定休日とあわせて、あらかじめチェックしておきましょう。割引や無料になる曜日・時間帯があることもあります。また、売店にはほかでは入手できない商品もあるので、のぞいてみるといいでしょう。

## クラブで夜を楽しむ

### いいクラブがないか知りませんか。
**Do you know any good clubs around here?**
ドゥ ユー ノウ エニィ グッド クラブズ アラウンド ヒア

　夜、遊びに出かけるのにいい場所を知りたかったら、このように聞いてみましょう。ひと言で club といっても、小さな店から大きなディスコのようなところまであり、DJがいたり生演奏があったりと、さまざまです。

　店に入るのに、お金がかかるかどうかを知りたければ、

### チャージはありますか。
**Is there a cover charge?**
イズ ゼアラ カヴァ チャージ

と質問します。カバーチャージがなくても、drink minimum が決まっていて、その額の飲み物を注文しなければならない場合もあります。

　生演奏があるクラブなら、

### 今夜は誰が演奏するのですか。
**Who is playing tonight?**
フゥ イズ プレイング トゥナイト

とチェックしておきましょう。

　また、その演奏を確実に聞きたいなら、

### 演奏は何時から始まりますか。
**What time will they start playing?**
ワッタイム ウィル ゼイ スタァト プレイング

と聞いておくといいでしょう。同じクラブでも、日によって音楽のジャンルや雰囲気が変わることがあるので、だい

たいの状況をつかんでおいたほうが、楽しめるはずです。

### ❗ こんな場面・こんなフレーズ

**踊りに行きたいのですが。**
I'd like to go dancing.
アイド ライク トゥ ゴゥ ダンスィング

**今夜は生演奏がありますか。**
Do you have a live performance tonight?
ドゥ ユー ハヴァ ライヴ パフォーマンス トゥナイト

---

#### ◆ 観光ワンポイント ◆

　日本人は、実際の年齢よりも若く見られることが多いので、クラブやバーでＩＤ（身分証明）の提示を求められるかもしれません。アルコールを飲める年齢に達していることを証明できないと、クラブに入れないおそれがあります。また、そこは日本ではないということを心しましょう。治安が悪い地域には近づかないこと。昼間は安全でも、夜間になると、危険になる場所は多いのです。常識を働かせ、犯罪に巻き込まれないように注意しましょう。

## ゴルフを楽しむ

### このあたりにゴルフ場はありますか。
Is there a golf course near here?
イズ ゼアラ ゴルフ コース ニア ヒア

　ゴルフを楽しみたいなら、ホテルでこのように聞いてみましょう。リゾートでは、ゴルフ場を併設している場合も少なくありません。気軽に利用できる公営の施設が、近くにある可能性もあります。

　私営のゴルフ場については、誰でもプレイできるところもあれば、会員以外はお断りというところもあるので、

### そのコースはビジターが利用できますか。
Can a visitor play golf on the course?
キャン ア ヴィズィタァ プレイ ゴルフ オン ザ コース

と聞いてみるといいでしょう。

　料金について確認するには、

### ゴルフの予約をしたいのですが。
I'd like to make a reservation to play golf.
アイド ライク トゥ メイクァ レザヴェイション トゥ プレイ ゴルフ

### ゴルフコースの料金はいくらですか。
How much is the green fee?
ハウ マッチ イズ ザ グリーン フィー

と質問します。また、アメリカなどではカートを借りる料金は別になっているのが一般的なので、

### カートの料金は含まれていますか。
Is the cart fee included?
イズ ザ カート フィー インクルーディド

と、続けて聞いておきましょう。

　また、ゴルフクラブやシューズなどをレンタルする必要があるでしょうから、

**クラブのセットとシューズを借りられますか。**
Could I rent a set of clubs and a pair of shoes?
クダイ　レント　ア　セット　オブ　クラブズ　アン　ペア　オブ　シューズ

と、確かめておかなければなりません。

**フルセットを借りるといくらかかりますか。**
How much is the fee for a full set?
ハウ　マッチ　イズ　ザ　フィー　フォ　ア　フル　セット

### こんな場面・こんなフレーズ

**割安なゴルフコースはありますか。**
Is there an inexpensive golf course?
イズ　ゼアラン　イニクスペンスィヴ　ゴルフ　コース

**午前9時にスタートできますか。**
Could we tee off at 9 a.m.?
クッド　ウィ　ティー　オフ　アッ　ナイン　エイエム

### レジャーワンポイント

　リゾートでゴルフを楽しみたい場合には、あらかじめゴルフコースを備えたホテルをさがし、予約を入れておくと確実です。料金は、チェックアウトの際に精算することができます。シティホテルに滞在する場合にも、郊外のゴルフ場で快適なプレイが楽しめるかもしれません。ホテルで情報を集め、早めに予約を入れておくといいでしょう。名前と電話番号、日時と人数を伝えます。4人でまわるのが原則。

## テニスをしたい

### テニスをしたいのですが。
We'd like to play tennis.
ウィド ライク トゥ プレイ テニス

身体を動かして汗を流し、すっきりした気分になりたいなら、こんなふうにホテルで聞いてみるといいでしょう。慣れない土地での戸惑いや旅の疲れも、吹き飛ばすことができるかもしれません。

近くにテニスコートがあるか知りたいなら、

### どこでできるか教えてくれませんか。
Could you tell us where we can play?
クジュー テル アス ウェア ウィ キャン プレイ

と質問します。適当なところを紹介してくれるでしょう。

地元の人が使うコートの場合、問題なのは用具が借りられるかどうかです。

### ラケットとボールは借りられますか。
Could we rent rackets and bolls?
クッド ウィ レント ラケッツ アン ボールズ

と聞いておきましょう。細かい情報は、直接、電話をかけて確認したほうがいいかもしれません。たとえば、用具については、レンタル可能かどうかだけではなく、

### レンタル料はいくらですか。
How much is the rental fee?
ハウ マッチ イズ ザ レンタル フィー

と、確かめておいたほうが安心です。もちろん、コートの使用料についても、

## １時間あたりの料金はいくらですか。
**What's the charge per hour?**
ワァッツ ザ チャージ パァ アゥワ

と聞いておかなければなりません。

### こんな場面・こんなフレーズ

### このあたりにテニスコートはありますか。
**Is there a tennis court around here?**
イズ ゼアラ テニス コート アラウンド ヒア

### 予約は必要ですか。
**Do I need to make a reservation?**
ドゥ アイ ニード トゥ メイカァ レザヴェイション

### 屋外ですか、室内ですか。
**Is it open-air or indoor?**
イズィッ オウプンエア オァ インドア

### 私とテニスをしませんか。
**Why don't you play tennis with me?**
ワァイ ドンチュー プレイ テニス ウィズ ミー

## マリンスポーツを体験する

### ダイビングスクールの申し込みはどこでするのですか。
**Where can I apply to the diving school?**
ウェア キャナイ アプライ トゥ ザ ダイヴィング スクール

すっかりポピュラーになったスキューバ・ダイビング。スクールへの申し込みについては、このように質問しましょう。ホテルがさまざまなコースを用意している場合もあります。

問い合わせ場所に行ったら、自分に適したコースをさがします。数多くある場合には、

### プログラムと料金表をもらえますか。
**May I have the program and the price list?**
メアイ ハヴ ザ プログレム アン ザ プライス リスト

と頼んで、じっくりと検討するといいでしょう。

どれに申し込むか決まったら、

### このコースに参加したいのですが。
**I'd like to take this course.**
アイド ライク トゥ テイク ディス コース

と、担当者に伝えます。

まったくの初心者であれば、最初に、

### 私は初心者です。
**I'm a beginner.**
アイム ア ビギナァ

と担当者に伝えて、専用のコースを紹介してもらうようにするといいでしょう。

一方、すでに経験があり、ツアーに参加する場合には、

## そこではどんな魚が見られますか。
### What kind of fish can we see there?
ワッカインドブ フィッシュ キャン ウィ スィー ゼア

などと聞いておくといいでしょう。

また、マリンスポーツに力を入れているホテルには、さまざまな用具や設備がそろっています。

## ウィンドサーフィンをしてみたいのですが。
### I'd like to try windsurfing.
アイド ライク トゥ トゥライ ウィンドサーフィン

などと伝えて、フルに活用するといいでしょう。

### ❗ こんな場面・こんなフレーズ

## インストラクターを頼めますか。
### Can I have an instructor?
キャナイ ハヴァン インストラクタァ

## 泳ぐのは危険ではないですか。
### Is it safe for swimming?
イズ イッ セイフ フォ スウィミング

## サーフボードを借りられますか。
### Can I rent a surfboard?
キャナイ レント ア サーフボード

---

### ◆ レジャーワンポイント ◆

ビーチリゾートには、マリンスポーツ施設が充実したところもあれば、カップルが静かに過ごすのに最適なところもあります。そうした特徴を知らずに訪れると、期待はずれだったり場違いだったりするので、事前に確認しておきましょう。また、ホテルのプールで騒ぐのはマナー違反です。

## COLUMN 相手の言葉を聞き直すには

　相手の英語が聞き取れなかった時には、あいまいにごまかさず、きちんと聞き直して、コミュニケーションをとるようにしたいものです。

　もう一度くり返してほしいという場合には、I beg your pardon？（何とおっしゃいましたか）が決まり文句。ただし、これを滑らかに口にすると、英語はできるが単に聞きそびれただけ、と思われるので、Pardon？か、Pardon me？、またはExcuse me？を使ったほうがいいかもしれません。

　早すぎて聞き取れない場合には、Could you speak more slowly？（もっとゆっくり話してもらえませんか）と頼みます。ただし、相手が外国人と話すことに慣れていないと、すぐにふだんのスピードにもどりがちなので、その時には再びリクエストしましょう。ある程度英語ができる相手には、自分がゆっくり話すようにして、相手もスピードを落としてくれるように期待するという手もあります。

　聞き取れないのではなく、いっている意味がわからないという時には、I don't understand what you mean.（あなたのいっている意味がわかりません）と伝えます。In other words？というと、「いいかえるとどういうことか」と聞くことになります。

# コミュニケーション・滞在

これは使える！ 住んでる
気分も味わえるフレーズ集

7章

## 上手に自己紹介したい

### 日本の東京から来ました。
**I'm from Tokyo, Japan.**
アイム フロム トウキョウ ジャパン

　海外で人と知り合う機会があったら、自己紹介の手始めとして、このように出身地を挙げるといいでしょう。相手から、**Where are you from?**（出身はどこですか）と聞かれたときにも、こう答えます。

　自然な流れとして、次にくるのは職業。学生であれば、

### アメリカ文学を専攻しています。
**I'm majoring in American literature.**
アイム メイジャリング イン アメリカン リタラチャ

というように、何を勉強しているのかを伝えると、より具体的になります。ただし、それにまつわる質問をされる可能性が高いことは覚悟しておくこと。

### 英語の教師になりたいのです。
**I want to be an English teacher.**
アイ ウォント トゥ ビィ アン イングリッシュ ティーチャ

　などと、将来就きたい職業を伝えてもいいでしょう。

　社会人であれば、

### コンピュータ関係の仕事をしています。
**I'm in computers.**
アイム イン カンピュータァズ

　などと、どんな仕事をしているかを伝えます。もっと詳しくいう場合には、どんな会社かではなく、仕事の内容を説明するといいでしょう。「サラリーマン」「ＯＬ」は和製

英語なので通じません。休暇をとって来たという場合、

## 1週間の休みをとって来ました。
I took a week off to be here.
アイ トゥック ア ウィーク オフ トゥ ビィ ヒア

などと表現できます。家族についていうなら、

## 兄弟がふたりいます。
I have two brothers.
アイ ハヴ トゥ ブラザァズ

と説明するといいでしょう。

また、宗教や人種、出身地、年齢などは、プライバシーに関わる問題なので、自分が自己紹介したからといって、相手にぶしつけな質問をしないように配慮しましょう。

## お仕事は何ですか。
What do you do?
ワァッ ドゥ ユー ドゥ

### ❗ こんな場面・こんなフレーズ

### 自己紹介をさせてください。
Let me introduce myself.
レッミー イントロデュース マイセルフ

### 大阪で生まれました。
I was born in Osaka.
アイ ワズ ボーン イン オウサカ

### 私達は新婚です。
We just got married.
ウィ ジャスト ゴット マリィド

## 食事に誘う

### 昼ごはんをいっしょに食べませんか。
### How about having lunch with me?
ハウ アバウト ハヴィング ランチ ウィズ ミー

　知り合った人を食事に誘う時には、この言い回しが使えますが、相手が異性の場合、夕食（dinner）に誘うことは、デートを申し込む意味にもとられるので、お互いに誤解が生じるおそれがあります。自分が誘われた時にも、その点に注意しましょう。

　喜んでごいっしょしたいという時には、

### ぜひそうしたいです。
### I'd love to.
アイド ラヴ トゥ

という答え方が、よく使われます。I'd be glad to. も同じように、喜んでそうしたいという意味です。

　一方、断る際に便利なのが、

### ほかに予定があるのです。
### I have other plans.
アイ ハヴ アザァ プランズ

という言い回し。この答えが返ってきたら、乗り気ではないとみていいでしょう。本当に都合が悪いだけなら、相手のほうから日をずらして提案してくるかもしれません。

　異性にしつこく誘われた時には、I have a date.（デートがあるから）と答える方法もあります。

　また、友達と旅行していて、数人で食事をする際に、知り合った人を誘うなら、

### 私達といっしょにどうですか。
**Why don't you join us?**
ワァイ ドンチュー ジョイナス

と表現できます。これは、食事以外にどこかに出かける時にも使えます。

一方、何かのお礼に昼食をおごると持ちかけるなら、

### 昼ごはんをおごりましょう。
**I'll buy you lunch.**
アイル バイ ユー ランチ

という言い方ができます。

> **こんな場面・こんなフレーズ**

### 今夜、何か予定がありますか。
**Do you have any plans for tonight?**
ドゥ ユー ハヴ エニィ プランズ フォ トゥナイト

食事に誘う前に、こう探りを入れてもいいでしょう。

### 明日は暇ですか。
**Are you free tomorrow?**
アー ユー フリー トゥモロウ

やはり、予定が入っていないかとたずねる表現です。

### 今、暇ですか。
**Do you have time?**
ドゥ ユー ハヴ タイム

ナンパにも使われます。have the time というと時間を聞く質問になるので、注意しましょう。

### 夕食に出かけませんか。
**Would you like to go out for dinner?**
ウジュー ライク トゥ ゴゥ アウト フォ ディナァ

## 上手に誘いを断りたい

### また次の機会に誘ってください。
**Please give me a rain check.**
プリーズ ギヴ ミー ア レイン チェック

相手の誘いをやんわりと断るには、この言い回しが使えます。rain check は、野球の試合が雨天順延になった場合の引換券のこと。つまり「また今度」ということです。

もっと簡単に表現するなら、

### また今度にしましょう。
**Maybe next time.**
メイビィ ネクスト タイム

ということもできます。Noとはっきり否定するのではなく、次は誘いを受けるかもしれないというニュアンスを持たせて、あいまいに断る方法です。

また、約束があって行けないという場合には、

### ごめんなさい、先約があります。
**I'm sorry, but I have an appointment.**
アイム ソォリィ バッ アイ ハヴ アン アポイントメント

というといいでしょう。appointment は、ふつうは、病院の予約や仕事上の約束などを指します。

ただし、こうした断り方をすると、How about tomorrow? (明日はどう) と、ほかの日を提案されるかもしれません。異性にしつこく言い寄られたら、

### 彼氏がいるんです。
**I have a boyfriend.**
アイ ハヴァ ボイフレンド

などという方法もあります。それでも引き下がらない場合には、はっきりと強く、Noと断ります。さらに、

## あなたに興味はありません。
**I'm not interested in you.**
アイム ノット インタレスティド イン ユー

といってみるのもいいでしょう。あいまいな笑顔を浮かべていると、好意があると誤解されるので、注意が必要です。

### ❗ こんな場面・こんなフレーズ

**今、忙しいのです。**
I'm kind of busy now.
アイム カインドブ ビズィ ナウ

**もう行きます。**
I have to go.
アイ ハフ トゥ ゴウ

**結婚しているのです。**
I'm married.
アイム マリィド

## 相手の住所を聞く

### 住所を教えてもらえませんか。
**Could you give me your address?**
クジュー ギヴ ミー ユア アドレス

　住所を聞く時には、こういいます。友達になった人と連絡を取り続けたい時、お世話になった人に礼状を出したい時などには、忘れないうちに聞いておきましょう。

### 日本から手紙を書きます。
**I will write to you from Japan.**
アイ ウィル ライト トゥ ユー フロム ジャパン

　などというといいでしょう。ただし、住所は間違いがないように、相手に書いてもらうのが確実です。名前も、スペルの確認という意味で書いてもらいましょう。

　自分の連絡先については、

### これが私の住所と電話番号です。
**Here's my address and phone number.**
ヒアズ マイ アドレス アン フォウン ナンバァ

といいながら渡します。こうした場合に備えて、住所の英語表記のしかたは覚えておくといいでしょう。

　また、別れ際に住所や電話番号の交換をした時には、最後にひと言、

### また会えることを願っています。
**I hope we can meet each other again.**
アイ ホウプ ウィ キャン ミート イーチ アザァ アゲイン

と伝えるようにしましょう。旅先での出会いを有意義なものにするには、こうしたやりとりも大切です。

## こんな場面・こんなフレーズ

### 名前のつづりを教えてください。
**How do you spell your name?**
ハウ ドゥ ユー スペル ユァ ネイム

名前のつづりがわからないと、手紙が出せません。

### 連絡を取り合おう。
**Keep in touch.**
キープィン タッチ

友達と離ればなれになる場合などに、よく使われます。

### 日本に会いにきてください。
**Please come and see me in Japan.**
プリーズ カム アン スィー ミー イン ジャパン

### あなたのことは忘れません。
**I won't forget you.**
アイ ウォウント ファゲット ユー

別れの場面には、こうした表現もふさわしいでしょう。

## 相手をほめる

### とても素敵です。
**You look great.**
ユー ルック グレイト

　待ち合わせの場所に相手が現れたら、このようなほめ言葉をかけたいもの。特に、食事の約束をして、相手がドレスアップしてきたとなればなおさらです。いうのが当たり前なので、何もいわないと、相手の期待を裏切ることにもなります。心の中で思うだけでは伝わりません。
　ほめられた相手は、たいてい、

### ほめてくれて、ありがとう。
**Thank you for the compliment.**
サンキュー フォ ザ カンプラメント

　などと答えます。
　また、パーティなどで出会ったばかりの相手なら、

### きれいなドレスですね。
**That's a beautiful dress.**
ザッツァ ビューティフゥ ドレス

### その色、いいですね。
**I like the color.**
アイ ライク ザ カラァ

　などとほめるといいでしょう。
　日本人は人をほめるのが苦手ですが、英語で話す時には、大げさだと思うくらいの表現を使ったほうが、コミュニケーションがスムーズにとれます。たとえば、友達同士でも、洋服や持ち物などを指して、

## そのシャツ、とってもいいね。
## I love your shirt.
アイ ラヴ ユア シャート

などと、love を使って表現することがよくあります。プレゼントを贈られた時などにも、I love this. といえば、とても気に入ったという気持ちを伝えられます。

相手をほめたり、感動を伝えたりする場合には、great、wonderful、excellent、gorgeous といった言葉を口にするといいでしょう。

また、人から親切にしてもらった時には、

## ご親切にどうもありがとう。
## Thank you. That's very kind of you.
サンキュー ザッツ ヴェリィ カインドブ ユー

と、必ずお礼をいうこと。感謝を伝えることが大切です。

### ❗ こんな場面・こんなフレーズ

## あなたは本当に笑顔が美しい。
## You have such a beautiful smile.
ユー ハヴ サッチァ ビューティフゥ スマイル

## あなたの親切にはいくらお礼をいってもたりません。
## I can't thank you enough for your kindness.
アイ キャント サンキュー イナフ フォ ユア カインドネス

## 髪型を変えましたか。
## Did you change your hair style?
ディジュー チェインジ ユア ヘア スタイル

## カッコいい。
## You are cool!
ユー アー クール

## 日本について説明する

### 相撲は日本の国技とされています。
Sumo is considered our national sports.
スモウ イズ カンスィダァド アゥワ ナショナル スポーツ

　日本について質問された時には、こうした表現を使って、簡単に説明するといいでしょう。力士は、sumo wrestler。ただし、野球やサッカーも人気のあるスポーツだとつけ加えたほうが、妙な誤解をされずにすみます。

　お酒を飲みながらの会話であれば、

### 伝統的な飲み物は酒です。
Our traditional drink is sake.
アゥワ トラディショナル ドゥリンク イズ サァキィ

ともいえるでしょう。sake はだいぶポピュラーになってきましたが、「サァキィ」と発音しないと通じません。

　気候にまつわる話であれば、

### 日本には明確な四季があります。
Japan has four distinctive seasons.
ジャパン ハズ フォー ディスティンクティヴ スィーズンズ

### 夏はとても暑く、湿度が高くなります。
Summer in Japan is very hot and humid.
サマァ イン ジャパン イズ ヴェリィ ホット アン ヒューミッド

といった言い回しが役立つでしょう。そして、

### 秋は日本を訪れるのにいい季節です。
Fall is a good season to visit Japan.
フォール イズ ア グッド スィーズン トゥ ヴィズィット ジャパン

と続けるといいでしょう。否定的な面だけでなく、いいと

ころも強調したいものです。

日本のことをよく知らない人に対しては、

**東京は日本でもっとも大きな都市です。**
Tokyo is the largest city in Japan.
トウキョウ イズ ザ ラージェスト スィティ イン ジャパン

といった説明も必要になるかもしれません。東京は、世界に名だたる大都市ではありますが、名前しか知らないという人も多いはずです。

> **こんな場面・こんなフレーズ**

**京都には有名な寺がたくさんあります。**
There are many famous temples in Kyoto.
ゼアラ メニィ フェイマス テンプルズ イン キョウト

**茶道は日本のお茶の儀式です。**
Sado is the Japanese art of tea ceremony.
サドウ イズ ザ ジャパニーズ アート オブ ティー セレモニィ

**それは100年前の日本の話です。**
That's Japan of one hundred years ago.
ザッツ ジャパン オブ ワン ハンドレッド イヤァズ アゴゥ

---

### 滞在ワンポイント

日本に関する知識量は、国や地域、個人によって異なります。日本人は皆、着物を着て、紙と木でできた小屋に住んでいると考えている人もいますし、日本文化に興味があるといっても、昔の時代のことをゆがんだかたちで聞いて、エキゾチックな幻想を抱いている場合も少なくありません。相手にはある程度の知識があるという前提は成り立たないと思いましょう。

## 銀行口座を開きたい

### 当座預金の口座を開きたいのですが。
**I'd like to open a checking account.**
アイド ライク トゥ オゥプン ア チェッキン アカウント

　新たに口座を開く時には、銀行に行って、このように伝えます。日本の普通預金にあたるのは、saving account ですが、アメリカなどでは小切手を使う機会が多く、生活するには checking account が必要になるでしょう。

　預け入れについては、

### 2000ドル預け入れます。
**I'd like to deposit two thousand dollars.**
アイド ライク トゥ ディポズィット トゥ サウザン ダラーズ

　などと表現します。最初にまとまった金額を預けないと、口座の開設を断られることも多いもの。その額は、銀行や口座の種類によって異なります。

　預け入れには伝票が必要なので、

### この預け入れ伝票に記入してください。
**Would you fill out the deposit slip？**
ウジュー フィル アウト ザ ディポズィット スリップ

といわれたら、必要事項を書き込みます。実際の口座への預け入れや引き出し（withdraw）は、備えつけの伝票に記入して、窓口に出すかたちになります。

　また、当座預金を開く場合には、

### とりあえず使える小切手をもらえますか。
**Could I have some temporary checks？**
クダイ ハヴ サム テンポラリィ チェックス

といって、仮の小切手を入手しておくと便利です。自分の名前と住所が印刷された小切手ができるまでには時間がかかるからです。

一方、利息のつく口座を開く時には、

**利息はどうなっていますか。**
What's your rate of interest ?
ワァッツ ユア レイト オブ インタレスト

と聞いてみるといいでしょう。

### ❗ こんな場面・こんなフレーズ

**残高はいくらですか。**
What is the balance ?
ワァッティズ ザ バランス

**私の小切手はいつできあがりますか。**
When will my personal checks be ready?
ウェン ウィル マイ パーソナル チェックス ビィ レディ

**当座預金の口座を解約したいのですが。**
I'm closing my saving account.
アイム クロウズィング マイ セイヴィング アカウント

---

### ◆ 滞在ワンポイント ◆

アメリカで銀行口座を開くには、パスポートなどの身分証明書が必要です。口座に一定額の残高がないと、手数料を引かれる場合が多いので、あらかじめ確認しておきましょう。その額やシステムは、銀行によって異なります。また、小切手は光熱費や電話料金などの支払いに広く使われています。請求書が届いたら、その額の小切手を切って郵送するという方法です。

## 部屋を借りて暮らしたい

### 家具つきのアパートを借りたいのですが。
**I'd like a furnished apartment.**
アイド ライクァ ファーニシュトゥ アパァトメント

　部屋をさがす時には、不動産業者（real estate agency）の事務所に出かけて、このように伝えます。日本のアパートとは違って、高層ビルでも apartment といいます。mansion は大邸宅の意味になるので気をつけましょう。

### ご予算はどれくらいですか。
**Could you tell me your price range?**
クジュー テル ミー ユァ プライス レインジ

と聞かれたら、Under one thousand dollars.（1000ドル以下で）などと、上限を答えるといいでしょう。間取りや地域などの希望があれば、それも伝えます。

　物件の紹介を受けた時に、家賃を確かめるなら、

### 家賃はいくらですか。
**How much is the rent?**
ハウ マッチ イズ ザ レント

と質問します。その家賃に何が含まれているのかを確認したい場合には、

### この家賃には光熱費が含まれていますか。
**Are utility fees included in the rent?**
アー ユーティラティ フィーズ インクルーディド イン ザ レント

といった具合に聞いてみましょう。

　アメリカでは、礼金の習慣はありませんが、敷金にあたる保証金を支払う必要があるので、

## 保証金はいくらですか。
### How much is the security deposit?
ハウ マッチ イズ ザ セキュリティ ディポズィット

と確かめておきましょう。

　また、支払い方法についても、

## 家賃はどういう方法で払うのですか。
### How do I pay the rent?
ハウ ドゥ アイ ペイ ザ レント

と質問し、説明を受けておくと安心です。すべてを納得した上で契約するようにしましょう。

**❗ こんな場面・こんなフレーズ**

## そのアパートはまだ空いていますか。
### Is the apartment still available?
イズ ズィ アパァトメント スティル アヴェイラボゥ

　新聞広告を見て、電話で問い合わせる時に使えます。

## そのアパートはエアコンつきですか。
### Does the apartment have an air conditioner?
ダズ ズィ アパァトメント ハヴァン エア コンディショナァ

## この地域は安全ですか。
### Is this area safe?
イズ ディス エァリア セイフ

---

**◆　滞 在 ワ ン ポ イ ン ト　◆**

　間取りは寝室の数で表わします。寝室がひとつにリビング、キッチンがついていれば、1 bedroom。日本のワンルームか１Ｋにあたる、studio というタイプもあります。新聞広告には格安物件が出ていますが、いい物件はすぐに決まってしまいます。すぐに電話でアポイントメントを取って、見せてもらいましょう。

## 食料品・日用品を買う

### サーロインステーキの肉を1ポンドください。
### Can I have one pound of sirloin steak?
キャナイ ハヴ ワン パウンド オブ サァロイン ステイク

　精肉店やスーパーの精肉コーナーで買い物をする時には、このようないい方をします。要は、欲しいものとその量を伝えればいいのです。惣菜を買う場合も同じこと。Deliと呼ばれる店やスーパーのコーナーには、さまざまな惣菜がならんでいます。

　すき焼きやしゃぶしゃぶにする肉が欲しい時には、

### 牛肉をできるだけ薄く切ってくれますか。
### Will you slice that beef as thin as you can?
ウィル ユー スライス ザット ビーフ アズ スィン アズ ユー キャン

と頼みます。そこまで薄切りにした肉のパックはないので、注文して切ってもらうしかありません。as thin as paper（紙のように薄く）といってもいいでしょう。

　スーパーで売り場がわからなければ、

### 鮮魚はどこにありますか。
### Where can I find fresh fish?
ウェア キャナイ ファインド フレッシュ フィッシュ

　などとたずねます。郊外には大きな店も多いので、自力でさがすのは大変です。あるかどうかわからない商品については、

### 日本の食品は置いてありますか。
### Do you have any Japanese foods?
ドゥ ユー ハヴ エニィ ジャパニーズ フーズ

というように質問します。米や豆腐や醬油などは、日本食のコーナーではなく、地元の食品といっしょにならんでいる可能性が高いので、名称を挙げて聞いてみます。

一方、ベーカリーでパンを買う時には、

### ライ麦パンをふたつください。
**I'd like two loaves of rye bread.**
アイド ライク トゥ ロウヴズ オブ ライ ブレッド

といった言い方をします。loaf はかたまりということで、切っていない丸のままのパンを指します。

#### ❗ こんな場面・こんなフレーズ

### カキを20ドル分もらえますか。
**Can I have 20 dollars worth of the oysters?**
キャナイ ハヴ トゥエンティ ダラーズ ワース オブ ズィ オイスタァズ

### 歯磨き粉をさがしているのですが。
**I'm looking for toothpaste.**
アイム ルッキング フォ トゥースペイスト

### 牛肉をひいてもらえますか。
**Could you grind the beef?**
クジュー グラインド ザ ビーフ

---

#### ◆ 滞在ワンポイント ◆

スーパーなどでは、野菜やフルーツは量り売りが一般的。$1.50／lb.とあれば、「1ポンド1ドル50セント」の意味になります。軽いものには、オンス (oz.) の単位が使われます。多くの場合、欲しい分だけ取れば、レジで重さを量って値段を出してくれます。長期滞在するのであれば、その土地の食品を積極的に試したいところです。

## お望みのヘアカットは？

### シャンプーとカットをお願いします。
**I'd like a shampoo and haircut.**
アイド ライクァ シャンプー アン ヘアカット

　美容院（beauty parlor、beauty salonなど）や理髪店（barbershop）では、このように希望を伝えます。美容院でパーマをかけるなら、haircut and perm といいます。

　美容院は、予約が必要なことも多いので、電話をかけて、

### 5時に予約を入れたいのですが。
**I'd like an appointment for five o'clock.**
アイド ライクァン アポイントメント フォ ファイヴ アクラック

というように切り出します。それから、最初の要領でカットなどと指定し、名前を伝えましょう。

　細かい希望については、美容師（hairdresser）から、

### どのようにカットしますか。
**How would you like it cut?**
ハウ ウジュー ライク イッ カット

などと聞かれるので、説明します。ただし、細かい点まで言葉で伝えるのは大変ですから、

### この写真のようにしてください。
**Just like in this picture, please.**
ジャスト ライク イン ディス ピクチャ プリーズ

といいながら、写真を見せたほうが確実です。適当な写真がなければ、**Do you have a hairstyle book?**（ヘアスタイルの本はありますか）といって、持ってきてもらうといいでしょう。

また、パーマをかける場合には、

**全体に軽くパーマをかけてもらえますか。**
Could you give it a light perm?
クジュー ギヴ イッタ ライト パーム

というような表現を使います。

### こんな場面・こんなフレーズ

トップを短めにカットしてください。
Please trim top parts much shorter.
プリーズ トリム タップ パーツ マッチ ショータァ

あごのところでそろえて切ってくれますか。
Could you cut it chin length?
クジュー カット イッ チン レングス

短めにカットしてください。
I'd like my haircut rather short.
アイド ライク マイ ヘアカット ラザァ ショート

サイドにはレイヤーを入れてもらえますか。
Could you layer the sides?
クジュー レイヤァ ザ サイズ

左分けにしてください。
Please part it on the left.
プリーズ パート イッ オン ザ レフト

### ◆ 滞在ワンポイント ◆

　地域によっては、美容師に対してもチップが必要です。アメリカでは、料金の15％が目安。サービスの程度は、店により千差万別で、かなり簡略化されている場合もあります。お店を選ぶ時には、あらかじめ客層をチェックしておくと参考になるでしょう。

## 郵便局で手紙を出す

### これをエアメールでお願いします。
**I'd like to send this by airmail to Japan.**
アイド ライク トゥ センド ディス バイ エアメイル トゥ ジャパン

　日本に手紙や葉書などを送る時には、こういって郵便局の窓口に差し出せば、その分の切手を買うことができます。
　郵便局の場所がわからなければ、

### 最寄りの郵便局はどこですか。
**Where is the nearest post office?**
ウェアリズ ザ ニアレスト ポウスト オフィス

と地元の人に聞けば、すぐにわかるはずです。
　葉書用の切手をまとめ買いしておくなら、

### 葉書を送るにはいくらかかりますか。
**How much does it cost to send a postcard?**
ハウ マッチ ダズィッ コスト トゥ センダァ ポウストカード

と質問します。そして、答えに合わせ、Ten forty-cent stamps, please.（40セントの切手を10枚ください）というように表現して、切手を購入しましょう。
　小包は、特に急いでいなければ、船便（surface）で送ったほうが経済的。日本に届くまでの日数を知りたければ、

### 日本に届くまでに、何日くらいかかりますか。
**How long will it take to reach Japan?**
ハウ ロング ウィル イッ テイク トゥ リーチ ジャパン

と、窓口で聞いてみましょう。
　また、小包を発送する場合、中身を局員に申告しなければなりません。

## この用紙に書き込んでください。
**Please fill out this form.**
プリーズ フィル アウト ディス フォーム

などという言葉とともに、税関申告用紙（declaration form for customs）が渡されます。中身と価格を書き込み、個人的なものであれば、gift の欄をチェックしましょう。

送る荷物が高額だったり、大切なものだったりする時には、保険をかけます。

## この荷物に保険をかけたいのですが。
**I'd like to insure this package.**
アイド ライク トゥ インシュア ディス パキジ

と伝えます。

## 中身は壊れ物です。
**The contents are fragile.**
ザ コンテンツ アー フラジャイル

### ❗ こんな場面・こんなフレーズ

## 切手はどこで買えますか。
**Where can I get stamps?**
ウェア キャナイ ゲット スタンプス

## ポストはどこですか。
**Where is a mailbox?**
ウェアリズ ア メイルバックス

## この手紙を書留でお願いします。
**I'd like to send this letter by registered mail.**
アイド ライク トゥ センド ディス レタァ バイ レジスタァド メイル

## フィルムを現像する

### このフィルムを現像してください。
**I'd like to have this film developed.**
アイド ライク トゥ ハヴ ディス フィウム ディヴェラップトゥ

　フィルムの現像とプリントを頼む時には、こういいながらフィルムを渡します。専門店のほかに、ドラッグストアやスーパーなどでも取り扱っています。

　その際、必要になるのが、仕上げとサイズの指定。

### 絹目仕上げでお願いします。
**A mat finish, please.**
ア マット フィニッシュ プリーズ

というように、好みを伝えましょう。光沢仕上げは、glossy finish といいます。

　サイズについては、一般的なものでよければ、

### レギュラーサイズにしてください。
**I'd like the regular size.**
アイド ライク ザ レギュラァ サイズ

と指定します。ただし、アメリカの regular size は、日本のサービスサイズとは違います。カウンターのまわりに見本があるはずなので、確認するといいでしょう。

### 現像料はいくらですか。
**How much do you charge for developing?**
ハウ マッチ ドゥ ユー チャージ フォ ディヴェラッピング

### いつ取りにくればいいですか。
**When can I pick them up?**
ウェン キャナイ ピック ゼム アップ

ということについても、確認しておきましょう。袋についている用紙に名前と電話番号を書き込み、ひかえを受け取る方式は、日本と変わりません。

### ❗ こんな場面・こんなフレーズ

**6時までに仕上げてもらえませんか。**
Could you have them ready by six o'clock?
クジュー ハヴ ゼム レディ バイ スィックス アクラック

**焼き増しをお願いします。**
I'd like to have some copies made.
アイド ライク トゥ ハヴ サム カピィズ メイド

---

### ◆ 滞在ワンポイント ◆

　フィルムの現像を頼む方法は、基本的には日本と同じだと考えていいでしょう。料金やサービス、仕上がりのよしあしは、店によって異なります。特に急ぐ場合には、One-Hour-Photoなどと表示された店を利用する手もありますが、時間帯や込み具合などによっては、1時間で仕上がらないこともあります。

## ● クリーニング店を利用する ●

### このワンピースをドライクリーニングしてください。
**I'd like to have this dress dry cleaned.**
アイド ライク トゥ ハヴ ディス ドレス ドライ クリーンド

　クリーニング店の利用方法は、基本的に日本と同じです。ドライクリーニングの場合は、こういいながらカウンターに服を置きます。

　一方、ワイシャツの水洗いを頼むなら、

### このシャツを洗濯してください。
**I'd like to have this shirt laundered.**
アイド ライク トゥ ハヴ ディス シャート ローンダァド

と伝えます。

　Boxed or on hanger? と聞かれたら、アイロンがけのあと、たたんで箱に入れるか、ハンガーにかけるかということ。ハンガーにかけるなら、

### ハンガーにかけてください。
**On hanger, please.**
オン ハンガァ プリーズ

というように答えます。

　また、コーヒーなどをこぼして、シミができてしまった服の場合には、その部分を示しながら、

### このシミを取ってもらえますか。
**Could you get this stain out?**
クジュー ゲッ ディス ステイン アウト

と質問します。取りにくいシミや高価な服の場合には、依頼する店を慎重に選ぶようにしましょう。

仕上がり日を確認するには、

いつ仕上がりますか。
When will it be ready?
ウェン ウィル イッ ビィ レディ

と聞きます。

> **こんな場面・こんなフレーズ**

この近くにドライクリーニング店はありますか。
Is there a dry cleaner near here?
イズ ゼアラ ドゥライ クリーナァ ニア ヒア

いちばん近いコインランドリーはどこですか。
Where is the nearest Laundromat?
ウェアリズ ザ ニアレスト ローンドゥラマット

糊は軽くしてください。
Light starch, please.
ライト スタァチ プリーズ

このボタンをつけてもらえませんか。
Could you sew on this button?
クジュー ソウ オン ディス バトゥン

もっと早くできませんか。
Could I have it back sooner?
クダイ ハヴ イッ バック スーナァ

---

### 滞在ワンポイント

クリーニング店選びは、慎重に行ないたいもの。専門的な知識や技術が欠如した店もあり、大切な服が二度と着られなくなるおそれもあります。評判を聞いて、きちんとした店に依頼しましょう。コインランドリーの利用方法は、日本と同じです。別途料金で、洗濯を代行する人がいるところもあります。

## COLUMN いってはいけない英語

　口にすべきではない言葉として、まず挙げられるのは、shit や fuck、damn、hell といった、罵(ののし)りの言葉。アメリカ映画では当たり前のように出てきますが、とても下品な上、相手に対して大変失礼です。自分自身のミスに対して、Shit！（クソッ！）といったとしても、耳にした人は不快な気分になると心しておきましょう。もうひとつ、女性に対して bitch を使うと、最大の侮辱を意味します。

　また、宗教に関わる言葉もタブー。驚いた時に、Oh, my god！とか Jesus Christ！などというと、相手の信仰心を踏みにじることになります。信心深い人は、神の名を軽々しく口にしません。ふざけたつもりで使っても、冗談ではすまされないのです。

　やたら聞いてはいけない質問についても覚えておきましょう。それは、プライベートなことに関する質問です。親しくなろうとして、年齢や出身地、宗教、既婚か未婚か、子供がいるかといった質問をすると、相手を憤慨させるおそれがあります。

　もちろん、体重や服のサイズを聞くのも失礼ですし、異性に対して性的なコメントをするのは問題外。常識を働かせて、相手の気持ちを尊重することを考えれば、問題は生じないはずです。

# 緊急事態

イザという時あわてない、
とっさのこのひと言

8章

## 医者を呼びたい

### 医者を呼んでください。
### Please call a doctor.
プリーズ コール ア ダクタァ

　ホテルで具合が悪くなった場合には、フロントに電話を入れて、こう頼むのが確実です。その際には、症状を簡単に説明しましょう（222・223ページ参照）。
　外出先で、ひどく具合が悪くなった時には、

### 救急病院まで連れて行ってください。
### Please take me to an emergency hospital.
プリーズ テイク ミー トゥ アン イマージェンスィ ハスピタル

といって、タクシーで連れて行ってもらう方法もあります。急を要する事態なら、近くの人に、

### 救急車を呼んでください。
### Please call an ambulance.
プリーズ コール アン アンビュランス

と頼みましょう。場所を説明する必要があるので、できれば地元の人に助けてもらうほうがスムーズにいきます。
　一方、ホテルから診察を受けに出かけて行く時には、

### 日本語を話せる医者を見つけてもらえませんか。
### Can you find a doctor who speaks Japanese?
キャン ユー ファインド ア ダクタァ フゥ スピークス ジャパニーズ

と、フロントに聞いてみましょう。それが無理だとしても、

### 診療所を紹介してもらえませんか。
### Could you recommend a clinic?
クジュー レカメンド ア クリニック

と頼みます。ホテルは、病人やケガ人にはきちんと対応してくれるはずですから、

### 予約を入れてもらえますか。
Could you set an appointment?
クジュー セット アン アポイントメント

### 診察を受けたいのですが。
I'd like to see a doctor.
アイド ライク トゥ スィー ア ダクタァ

といって、手配してもらうのが得策です。

#### こんな場面・こんなフレーズ

### 医者のところに連れて行ってください。
Please take me to the doctor.
プリーズ テイク ミー トゥ ザ ダクタァ

### ホテルに医者か看護婦はいますか。
Do you have a doctor or nurse in the hotel?
ドゥ ユー ハヴァ ダクタァ オァ ナース イン ザ ホゥテル

### できるだけ早くしてください。
As soon as possible, please.
アズ スーナズ パッスィボゥ プリーズ

---

**◆ 病気ワンポイント ◆**

　アメリカではホームドクター制で、まずその医師の診療所で診察を受けてから、必要に応じて病院で治療を受けます。ホテルの紹介を受け、急患として予約を入れるといいでしょう。また、救急車を呼ぶ番号は911。警察や消防も同じなので、ambulanceという必要があります。救急車が有料である場合が多いということも、一応頭に入れておきましょう。

## 病状を説明する

### お腹が痛いのです。
**I have a stomachache.**
アイ ハヴァ スタマクェイク

お腹が痛い時には、こう表現します。診察時だけでなく、ホテルで医者を呼んでもらったり、予約を入れたりする時にも、簡潔に症状を伝えなければなりません。相手から、

### どうなさいましたか。
**What seems to be the problem?**
ワァット スィームズ トゥ ビィ ザ プラブレム

と聞かれることもよくあります。また、

### 気分はいかがですか。
**How do you feel?**
ハウ ドゥ ユー フィール

と質問されたら、なるべく具体的に答えましょう。
たとえば、吐き気がするようなら、

### 吐き気がします。
**I feel nauseous.**
アイ フィール ノーシャス

と表現します。実際に吐くことは vomit といい、何度も吐いたのなら、I've been vomiting. といいます。
お腹をこわした時には、

### 下痢をしています。
**I have diarrhea.**
アイ ハヴ ダイアリィア

といいます。どのように表現していいか迷った時には、

## ここが痛みます。
**It hurts here.**
イッ ハーツ ヒア

というように、その場所を指し示す方法もあります。
　また、薬のアレルギーがある場合には、

## アレルギーがあります。
**I have some allergies.**
アイ ハヴ サム アラァジィズ

といって、薬の名称を書いたものを渡せるようにしておきましょう。持病がある人、薬を服用中の人も、必ずそれを伝えなければなりません。

### ❗ こんな場面・こんなフレーズ

**カゼをひきました。**
**I caught a cold.**
アイ コートァ コゥルド

**頭がひどく痛いのです。**
**I have severe headaches.**
アイ ハヴ スィヴィア ヘッデイクス

**のどが痛みます。**
**I have a sore throat.**
アイ ハヴァ ソァ スロウト

**高熱があります。**
**I have a high fever.**
アイ ハヴァ ハイ フィーヴァ

**めまいがします。**
**I feel dizzy.**
アイ フィール ディズィ

## 処方箋の薬をもらう

### この処方箋の薬をください。
**Fill this prescription, please.**
フィル ディス プリスクリプション プリーズ

　医者の処方箋を持って薬局に行ったら、このように伝えます。欧米では医薬分業であることが多く、薬は薬局で調合してもらいます。診療所を出る前に、

### いちばん近い薬局はどこですか。
**Where is the nearest pharmacy?**
ウェアリズ ザ ニアレスト ファーマスィ

と聞いて、まっすぐそこへ向かうといいでしょう。
　そして、薬を受け取る時には、服用方法をきちんと聞いておくこと。容器のラベルなどに書いてあるはずですが、念のために確認します。たとえば、

### この薬の服用方法を教えてください。
**How should I take this?**
ハウ シュダイ テイク ディス

と質問します。これに対する答えは、もちろん薬によってさまざまですが、

### 食後に３カプセル飲んでください。
**Take three capsules after eating.**
テイク スリー カプスゥズ アフタァ イーティング

といったものでしょう。聞き取れない場合には紙に書いてもらい、理解できるまで確認します。薬の量を間違えたりすると大変危険なので注意しましょう。
　また、副作用についても、

## この薬には、何か副作用がありますか。
**Does this medicine have any side effect?**
ダズ ディス メディスィン ハヴ エニィ サイド イフェクト

と聞いておきましょう。薬を受け取ったら、自分の名前と医者の名前が正しく記載されているかどうかもチェックしましょう。

### ❗ こんな場面・こんなフレーズ

## どれくらい(の時間)でできますか。
**How soon will it be ready?**
ハウ スーン ウィル イッ ビィ レディ

## これは1日に何回飲むのですか。
**How often must I take this a day?**
ハウ オフン マスト アイ テイク ディス ア デイ

## 保険のために領収書をください。
**May I have a receipt for my insurance?**
メアイ ハヴァ リスィート フォ マイ インシュアランス

---

### ◆ 病気ワンポイント ◆

　海外で、保険なしに治療を受けると、かなり高額な料金を請求されますが、クレジットカードが使える場合も多いので、我慢せずに治療を受けましょう。また、旅先では体調をくずしやすいので、出発前に、必ず海外旅行傷害保険に加入しておきましょう。具合が悪くなった時に、現地のアシスタンスサービスに連絡して、日本語で相談し、医療機関を紹介してもらうことなどが可能です。支払いについては、診断書と領収書を受け取り、帰国後に請求する方法が一般的ですが、最近では、キャッシュレスで治療を受けられるサービスも増えています。

## 盗難に遭ってしまった

### バッグを盗まれました。
**My bag was stolen.**
マイ バッグ ワズ ストゥルン

　バッグを盗まれた時には、このように表現します。ホテル内の盗難であれば、まずはフロントに伝えます。外で盗まれたのなら、警察に出かけて行きます。
　ここで予期される質問は、

### どんなバッグですか。
**What kind of bag?**
ワッカインドブ バッグ

というもの。材質や色、大きさ、特徴などを答えます。ブランドものなら、その名称を伝えるといいでしょう。

### 色は赤で、Aのロゴが入っています。
**It was red and had the A logo written on it.**
イッ ワズ レッド アン ハド ズィ エイ ロゥゴゥ リトゥン オンニッ

といった説明が考えられます。すると、次には、

### 中に何が入っていましたか。
**What was in it?**
ワァット ワズ インニッ

と聞かれます。中に入れてあったものを、簡潔に、

### パスポートと財布です。
**My passport and wallet.**
マイ パスポート アン ウァレット

　などと、ならべて答えればOKです。
　一方、バッグを置き忘れた時にはこういいます。

## バッグをここに置き忘れてしまいました。
**I left my bag here.**
アイ レフト マイ バッグ ヒア

> こんな場面・こんなフレーズ

## 誰かが部屋に押し入りました。
**Someone broke into my room.**
サムワン ブロウク イントゥ マイ ルーム

## 警察を呼んでください。
**Call the police, please.**
コール ザ ポリース プリーズ

## 遺失物係はどこですか。
**Where is the lost and found?**
ウェアリズ ザ ロスト アン ファウンド

## この用紙に記入してもらえますか。
**Could you fill out this form?**
クジュー フィル アウト ディス フォーム

---

### 盗難・紛失ワンポイント

　貴重品の盗難に遭った場合には、必ず警察に届けて、盗難証明書（burglary report）を作成してもらいます。これは、保険の請求だけでなく、パスポートやトラベラーズチェックの再発行にも必要になります。多額の現金は持ち歩かないようにして、ショルダーバッグの口には手をそえて持ち、椅子に置いたまま席を離れたりしないように注意しましょう。残念ながら、盗まれたものが見つかることは、ほとんどありません。被害者にならないように、警戒することも大切です。

## パスポートをなくしてしまった

### パスポートをなくしました。
**I've lost my passport.**
アイヴ ロスト マイ パスポート

　パスポートを紛失したという時には、このように表現します。自分の不注意ではなく、誰かに盗まれたのだと強調したい場合には、

### パスポートを盗まれました。
**Someone took my passport.**
サムワン トゥック マイ パスポート

といった言い回しも使えます。
　いずれにしても、大切なパスポートをなくしたら、すぐに次の行動に移らなければいけません。はじめに、警察で盗難証明書を出してもらい、それから日本大使館か領事館（Consulate）に出かけて、再発行の手続きをします。
　日本大使館の場所がわからなければ、

### 日本大使館はどこですか。
**Where is the Japanese Embassy?**
ウェアリズ ザ ジャパニーズ エンバスィ

とたずねます。警察で質問すれば、すぐに教えてもらえるでしょう。小さな町や僻地に滞在していて、その国のどのあたりに大使館があるのかもわからなければ、

### 日本大使館と連絡を取りたいのですが。
**I'd like to contact the Japanese Embassy.**
アイド ライク トゥ カンタクト ザ ジャパニーズ エンバスィ

と聞いてみるといいでしょう。

## パスポートを再発行してもらえますか。
**Can I have my passport reissued?**
キャナイ ハヴ マイ パスポート リイシュード

### ❗ こんな場面・こんなフレーズ

## 日本大使館へ連れて行ってください。
**Please take me to the Japanese Embassy.**
プリーズ テイク ミー トゥ ザ ジャパニーズ エンバスィ

## 日本大使館の電話番号は何番ですか。
**What is the number of the Japanese Embassy?**
ワァット イズ ザ ナンバァ オブ ザ ジャパニーズ エンバスィ

## どうしたらいいでしょう。
**What shall I do ?**
ワァット シャライ ドゥ

---

### ◆ 盗難・紛失ワンポイント ◆

　盗難パスポートを悪用した犯罪が多発しています。日本人のパスポートは特に狙われやすいので、人目に触れる場所に置いたりしないよう、注意が必要です。パスポートを紛失したままでは、日本に帰ることもできません。すみやかに再発行の手続きを取りましょう。その際に必要なのは、警察が発行した盗難証明書、顔写真2枚と手数料です。さらに、大使館にある再発給申請書と紛失届には、パスポートナンバーや発行地などを書かなければなりません。出発前にコピーをとっておき、パスポートとは別の場所に保管しておきましょう。また、再発給までには2週間程度かかります。日本に帰る日がせまっている場合には、「帰国のための渡航書」を出してもらい、帰国することも可能です。

## クレジットカードを無効にする

### カードを無効にしてください。
Please cancel my card number.
プリーズ キャンスゥ マイ カード ナンバァ

　クレジットカードをなくした時には、できるだけ早くカード会社に電話をかけて、このように伝えます。盗まれた場合には、My credit card was stolen.（クレジットカードを盗まれました）と続けると、すぐに話が通じます。
　そのあとは、相手の質問に答えていけばいいのですが、いっていることが聞き取りにくければ、自分から、

### カードナンバーは1234－5678です。
The number is 1234-5678.
ザ ナンバァ イズ ワントゥスリーフォー ファイヴスィックスセヴンエイト

と、カードナンバーをまず伝えましょう。長い番号でも、順に読み上げていけばOKです。
　すると、次に、

### お名前をいただけますか。
May I have your name?
メアイ ハヴ ユァ ネイム

と聞かれるので、名前を答えます。
　さらに、本人かどうかを確認するために、住所や電話番号などを聞かれるはずです。

### 住所を教えてください。
May I have your address?
メアイ ハヴ ユァ アドレス

　現地での再発行を希望するなら、

## 再発行してもらいたいのですが。
**I'd like to have it reissued.**
アイド ライク トゥ ハヴ イッ リイシュード

と伝えます。カード会社によっては、仮カードをすぐに発行してくれるところもあるので、出発前に確認しておくといいでしょう。

## かわりのカードをすぐにもらえませんか。
**Could I get a replacement card right away?**
クダイ ゲッタ リプレイスメント カード ライタウェイ

### ❗ こんな場面・こんなフレーズ

## クレジットカードをなくしました。
**I lost my credit card.**
アイ ロスト マイ クレディット カード

## カードでの取引をすべて停止してください。
**Please stop all transactions on the card.**
プリーズ スタップ オール トランサクシャンズ オン ザ カード

---

### ◆ 盗難・紛失ワンポイント ◆

　トラブルに備えて、カード会社の緊急時の連絡先は、必ずひかえておきましょう。わからなければ、ホテルや警察で教えてもらいます。盗まれたら、すぐに連絡して無効にするしかありません。これをおこたると、まったく覚えのない請求を受けるおそれがあります。カードナンバーもどこかにメモしておき、財布やパスポートとは別の場所に保管しましょう。さらに、利用のひかえは大切に保管しておき、帰国後に請求書が届いたら、明細をチェックするようにしましょう。

## TCを再発行してもらう

### トラベラーズチェックを再発行してもらえますか。
**Could you reissue my traveler's checks?**
クジュー リイシュー マイ トラヴェラーズ チェックス

　トラベラーズチェックを再発行してもらう場合、発行会社や銀行で、このように依頼します。バッグごと盗まれたなら、**My bag was stolen.**（バッグが盗まれたのです）と、状況をつけ加えるといいでしょう。

　その際には、購入のひかえなどが必要になるので、

### これが購入のひかえです。
**Here is the purchase agreement.**
ヒアリズ ザ パーチェス アグリーメント

といって、提示します。ほかにも、警察の盗難証明書などが必要です。再び出直すのは面倒ですから、あわせて渡せるように準備しておきましょう。

　何日くらいで再発行が受けられるかを確認するには、

### 再発行はいつしてもらえますか。
**When can I have them reissued?**
ウェン キャナイ ハヴ ゼム リイシュード

と質問します。一般的には2、3日かかりますから、場合によっては、帰国までに間に合わないかもしれません。

**!** こんな場面・こんなフレーズ

### トラベラーズチェックをなくしました。
**I've lost my traveler's checks.**
アイヴ ロスト マイ トラヴェラーズ チェックス

　紛失した場合には、こう伝えます。

トラベラーズチェックの再発行はどこで受けられますか。
**Where could I have my traveler's checks reissued?**
ウェア クダイ ハヴ マイ トラヴェラーズ チェックス リイシュード

わからない時には、関連会社に電話をかけて聞きます。

## これが使用ひかえです。
**Here is my record of the checks.**
ヒアリズ マイ レコード オブ ザ チェックス

---

### 盗難・紛失ワンポイント

　トラベラーズチェックをなくした時には、警察で盗難・紛失の証明書を発行してもらいます。次に、発行会社や銀行の支店に出かけて行き、手続きを行ないます。身分証明と購入時にもらったひかえを持参しましょう。また、再発行には、トラベラーズチェックの番号と額面、枚数の記録が必要になります。どの番号のどの金種のチェックを使用し、どの番号のものを使用していないかを届け出なければならないのです。また、条件が合えば、一定額までその場で払い戻し（refund）してもらうこともできます。

## 金を出せと脅された

### お金はここです。
**I have money here.**
アイ ハヴ マニィ ヒア

　不幸にも強盗に襲われた時には、こういいながら、お金のある場所をあごと視線で指し示します。というのも、いわゆるホールドアップ（holdup）では、はじめに、

### 手を上げろ。
**Hands up!**
ハンズァッ

　などといって、抵抗できないように両手を上げさせられるからです。早くお金を渡してしまおうと、ポケットに手を入れると、銃を出そうとしていると誤解され、撃たれる危険性が高くなるのです。

　抵抗しないで、犯人のいうとおりにするのがいちばん安全な策なので、

### 金をよこせ。
**Give me your money.**
ギヴ ミー ユア マニィ

といわれたら、手を上げたまま、はじめの言い回しを使って、お金を取らせます。また、

### それをよこせ。
**Hand it over.**
ハンド イッ オゥヴァー

といわれたら、時計でも宝石でも素直に渡すことです。
　そして、That's all?（これで全部か）と聞かれたら、

これで全部です。
**This is all I have.**
ディス イズ オール アイ ハヴ
と答えます。

### こんな場面・こんなフレーズ

動くな。
**Hold it!**
ホゥルディッ

動くな。
**Freeze!**
フリーズ

命だけは助けて。
**Don't kill me!**
ドント キル ミー

手を頭の上にのせろ。
**Put your hands on your head!**
プッチュア ハンズ オン ユア ヘッド

---

### 身の危険ワンポイント

　バッグを手放そうとしなかったばかりに撃たれた、というのは珍しくない話。命より大切なものはありませんから、いわれたとおりに何でもくれてやることです。抵抗する意思がないことを示すには、「手を上げろ」の脅しに従うしかありません。犯人の言葉がわからないと、取り返しのつかない悲劇を招きかねないので、上のような言い回しを必ずチェックしておいてください。犯人を刺激しないように、おとなしく従い、助けを求めて叫んだり、相手の顔を見たりしないようにします。自衛手段としては、危険な地域や深夜の外出を避け、高価なものを身につけて歩かないように注意することです。

## いいがかりをつけられた

### 私のせいではありません。
### It's not my fault.
イッツ ノット マイ フォールト

　よからぬ輩(やから)にいいがかりをつけられたら、毅然(きぜん)とした態度でこういいましょう。プロは同情を誘う手を使ったりもしますが、決して、I'm sorry.（ごめんなさい）といってはいけません。非を認めたことになるからです。自分がしたのではないと訴えるためには、

### 私はやってません。
### I didn't do it.
アイ ディドゥント ドゥー イッ

という表現も使えます。

　よくある手口としては、町なかで、すれ違いざまにワインのボトルや食べ物の入った容器を故意に落とし、弁償しろと要求してくることなどが挙げられます。

　何かが壊れた時には、

### 私が壊したのではありません。
### I didn't break it.
アイ ディドゥント ブレイク イッ

ということもできます。

　また、あまりにしつこくからんでくるようなら、

### 警察を呼びますよ。
### I will call the police.
アイ ウィル コール ザ ポリース

といってもいいでしょう。まわりの人に、Somebody, call

■集英社文庫『岳飛伝』を何でお知りになりましたか。
1.新聞広告(新聞名　　　　　　　　　　)　2.雑誌広告(雑誌名　　　　　　　　　)
3.電車内の広告で　4.文庫はさみ込みチラシで　5.書店で見て　6.webサイトを見て
7.モバイルサイトを見て　8.知人にすすめられて
9.その他(　　　　　　　　　　　　　　　　　　　　　　　　　　　　　　　　)

■『水滸伝』・『楊令伝』・『岳飛伝』の登場人物についてお聞かせください。
好きな人物は誰ですか?(　　　　　　　　　　　　　　　　　　　　　　　　　)
好きな理由は何ですか?(　　　　　　　　　　　　　　　　　　　　　　　　　)
その人物についてどの場面が好きですか? または印象に残っているのはどこですか?
(　　　　　　　　　　　　　　　　　　　　　　　　　　　　　　　　　　　)

■『水滸伝』・『楊令伝』・『岳飛伝』の登場人物の中で下記に当てはまると思う人物の
　名前をお書きください。
上司にしたい人物(　　　　　　　　　　　　　　　　　　　　　　　　　　　)
恋人にしたい人物(　　　　　　　　　　　　　　　　　　　　　　　　　　　)
子どもにしたい人物(　　　　　　　　　　　　　　　　　　　　　　　　　　)

■『水滸伝』・『楊令伝』・『岳飛伝』の好きなシーン、または印象に残っているシーンと、
　その理由を教えてください。

■『水滸伝』・『楊令伝』・『岳飛伝』を読んで、あなたが影響を受けたエピソードなどが
　あれば教えてください。

■あなたにとって『水滸伝』・『楊令伝』・『岳飛伝』を、ひと言で表すとしたら何ですか?
　((例:人生の教科書)

郵便はがき

料金受取人払郵便

|||

神田局承認

9065

差出有効期間
2017年4月
28日まで
（切手不要）

101-8051

050

神田郵便局郵便
私書箱4号
集英社
愛読者カード係行

## 集英社文庫『岳飛伝』

■この本をお読みになってのご意見・ご感想をお書きください。

| お住まいの都道府県を記入して下さい。 | 都 道府 県 | 年齢　　歳 □男　□女 |
|---|---|---|

ご職業　1.学生[小学・中学・高校・大学(院)・専門学校]　2.会社員　3.自営業
4.自由業　5.専業主婦(夫)　6.その他(　　　　　　　　　　　　　　　)

※あなたのご意見・ご感想を本書の新聞・雑誌広告・集英社のホームページ等で
1.掲載してもよい　2.掲載しては困る

the police!（どなたか、**警察を呼んでください**）と呼びかける方法もあります。

　ただし、これらは、相手が武器などを持った凶悪犯ではなく、人が行き交う町なかや安全な場所である場合の話。身の危険を察した時には、おとなしく犯人に従うことがいちばん大切です。

> **こんな場面・こんなフレーズ**

### 冗談じゃない。
### No way!
ノー　ウェイ

　強い否定を意味し、不当な金品の要求などを拒絶する時に使えます。

### 私を責めるのはおかしい。
### I'm not to be blamed.
アイム　ノットゥ　ビィ　ブレイムド

### 誰か、助けてください。
### Someone, help me!
サムワン　ヘルプ　ミー

# トラベル和英辞典

## あ

| 足 | foot／feet フット／フィート |
|---|---|

アスピリン　aspirin　アスピリン

**アトピー性皮膚炎**
atopic dermatitis
エイタピック ダーマタイティス

| 網焼きにした | grilled グリルド |
|---|---|
| アルコール類 | liquor リカァ |
| アレルギー | allergy アラァジィ |
| 暗証番号 | personal identification number パーソナル アイデンティフィケイション ナンバァ |
| 案内所 | information office インフォメイション オフィス |

## い

| 胃 | stomach スタマック |
|---|---|
| 医師 | medical doctor メディカル ダクタァ |

**遺失物預かり所**
lost and found office
ロスト アン ファウンド オフィス

**痛み止め（鎮痛剤）**
pain reliever
ペイン リリーヴァ

| 1セント | cent／penny セント／ペニィ |
|---|---|
| 1日券 | one day ticket／ one day pass ワン デイ ティケット／ワン デイ パス |
| 一方通行 | one-way traffic ワン ウェイ トラフィック |
| インフルエンザ | flu フルー |

## う

| ウイスキー | whiskey ウィスキィ |
|---|---|
| ウェルダン | well-done ウェルダン |
| 受付 | registration／reception レジストレイション／リセプション |
| うるさい | noisy ノイズィ |
| 運転免許証 | driver's license ドライヴァズ ライセンス |

## え

| 映画 | movie／films／cinema ムーヴィ／フィルムズ／スィネマ |
|---|---|
| 映画館 | movie theater／movie(cinema)house ムーヴィ スィアタァ／ムーヴィ（スィネマ）ハウス |
| 駅 | station ステイション |
| 駅員 | station employee ステイション インプロイイ |
| エンスト | stall ストール |

## お

|  |  |
|---|---|
| 応急処置 | first aid ファースト エイド |
| 嘔吐(する) | vomit ヴァミット |
| 往復切符 | round-trip ticket/ ラウンドトリップ ティケット (英)return ticket リターン ティケット |
| お釣り | change チェインジ |
| オートバイ | motorcycle モゥタァサイクル |
| オムレツ | omlette/omelet アムレット |
| 温泉 | hot spring ハット スプリング |
| 温度計 | thermometer サァモメタァ |

## か

|  |  |
|---|---|
| 会計 | account アカウント |
| 会計係／レジ | cashier キャッシァ |
| 階段 | stairs/stairway ステアズ／ステアウェイ |
| ガイド | guide ガイド |
| 鍵 | key キー |
| 書留 | registered mail レジスタァド メイル |
| 家具 | furniture ファーニチャ |
| 傘 | umbrella アンブレラ |
| 火事 | fire ファイア |
| ガス欠 | run out of gas ランナウトブ ガァス |
| カゼ | cold コゥルド |
| カゼ薬 | cold medicine コゥルド メディスィン |
| ガソリン | gas／ガァス／ (英)petrol ペトラゥ |
| ガソリンスタンド | gas station ガァス ステイション |
| 片道切符 | one-way ticket／ ワン ウェイ ティケット／ (英)single ticket スィングゥ ティケット |
| 軽い | light ライト |
| カレーライス | curry and rice カリィ アン ライス |
| 革 | leather レザァ |
| 為替レート | exchange rate イクスチェインジ レイト |
| 眼科医 | eye doctor／ アイ ダクタァ／ oculist アキュアリスト |
| 観光 | sightseeing サイトスィーイング |

## 240

| 観光案内所 | tourist information office トゥアリスト インフォメイション オフィス |
|---|---|
| 観光シーズン | tourist season トゥアリスト スィーズン |
| 観光バス | sightseeing bus サイトスィーイング バス |
| 観光パンフレット | tourist brochure トゥアリスト ブロウシュア |
| 韓国料理 | Korean food コリーアン フード |
| 勘定書 | check／bill チェック／ビル |
| 館内ツアー | guided tour ガイディド トゥア |

### き

| 危険 | danger デインジャア |
|---|---|
| 貴重品 | valuables ヴァリュアボゥズ |
| 喫煙席 | smoking seat スモウキング スィート |
| 切手 | postage stamp ポウステイジ スタンプ |
| 切符 | ticket ティケット |
| 記念切手 | commemorative stamps カメマレイティヴ スタンプス |
| 客 | guest ゲスト |
| キャッシュカード | cashing card キャッシング カード |
| キャベツ | cabbage キャビジ |
| 休暇 | vacation ヴァケイション |
| 救急車 | ambulance アンビュランス |
| 救急病院 | emergency hospital イマージェンスィ ハスピタル |
| 急行列車 | express train イクスプレス トレイン |
| 牛肉 | beef ビーフ |
| 救命胴衣 | life jacket ライフ ジャケット |
| 教会 | church チャーチ |
| 郷土料理 | local food ロゥコゥ フード |
| 許可 | permission パミション |
| 禁煙席 | no-smoking seat ノースモウキング スィート |
| 金額 | amount アマウント |
| 緊急 | emergency イマージェンスィ |

### く

| 空港 | airport エアポート |
|---|---|
| 空港税 | airport tax エアポート タクス |

|  |  |  |
|---|---|---|
| 苦情 | complaint | カンプレイント |
| 薬 | medicine | メディスィン |
| 果物 | fruit | フルート |
| 靴 | shoes | シューズ |
| 靴下 | socks | サクス |
| クレイムタグ（荷物預かり証） | claim tag | クレイム タグ |
| クレジットカード | credit card | クレディット カード |
| クローク | cloakroom | クロウクルーム |

····· (け) ·····

|  |  |  |
|---|---|---|
| 警察 | police | ポリース |
| 警察署 | police station | ポリース ステイション |
| 外科医 | surgeon | サージャン |
| 劇場 | theater | スィアタァ |
| 化粧品 | cosmetics | カズメティクス |
| 血圧 | blood pressure | ブラッド プレシャァ |
| 下痢 | diarrhea | ダイアリィア |
| 現金 | cash | キャッシュ |
| 現像 | devolopment | ディヴェラップメント |
| 現地時間 | local time | ロウカゥ タイム |

····· (こ) ·····

|  |  |  |
|---|---|---|
| 硬貨 | coin | コイン |
| 公共料金 | public utilities charges | パブリック ユーティラティズ チャージズ |
| 航空券 | airline ticket | エアライン ティケット |
| 航空便 | airmail | エアメイル |
| 口座番号 | account number | アカウント ナンバァ |
| 香水 | perfume | パァフューム |
| 交通事故 | traffic accident | トラフィク アクスィデント |
| 交通渋滞 | traffic jam | トラフィク ジャム |
| 強盗 | burglar／robber | バーグラァ／ラバァ |
| 小切手 | check | チェック |
| 国際運転免許証 | international driver's permit | インタァナショナル ドライヴァズ パァミット |

|  |  |  |
|---|---|---|
| 国際線 | international service | インタァナショナル サーヴィス |
| 国際電話 | international call | インタァナショナル コール |
| 国籍 | nationality | ナショナリティ |
| 国内線 | domestic service | ダメスティック サーヴィス |
| 小銭 | small change | スモール チェインジ |
| 5セント | nickel | ニコゥ |
| 国境 | border | ボーダァ |
| 骨董品店 | antique shop | アンティーク ショップ |
| 小包 | parcel | パースゥ |
| コーヒー | coffee | カフィ |
| 子羊の肉 | lamb | ラム |
| ごみ箱 | trash can／garbage can | トラッシュ カン／ガービジ カン |
| コレクトコール | collect call | カレクト コール |
| コンシェルジェ | concierge | カンスィエルジュ |
| コンセント | outlet | アウトレット |

## さ

|  |  |  |
|---|---|---|
| サイン | signature | スィグナチャ |
| 座席番号 | seat number | スィート ナンバァ |
| 雑誌 | magazine | マガズィーン |
| サービス料 | service charge | サーヴィス チャージ |
| サマータイム | summer time | サマァ タイム |
| 寒い | cold | コゥルド |
| 寒気 | chill | チル |
| 残高 | balance | バランス |

## し

|  |  |  |
|---|---|---|
| 市 | city | スィティ |
| 塩辛い | salty | ソルティ |
| 歯科医 | dentist | デンティスト |
| 市外局番 | area code | エァリア コゥド |
| 市街地図 | city map | スィティ マップ |
| 事故 | accident | アクスィデント |
| 時刻表 | timetable | タイムテイボゥ |

|  |  |  |
|---|---|---|
| 事故証明書 | accident report | アクスィデント リポート |
| 時差ボケ | jet lag | ジェット ラグ |
| 静かな | quiet | クワィエット |
| シーズン料金 | high season charge | ハイ スィーズン チャージ |
| 下着 | underwear | アンダァウェア |
| 歯痛 | toothache | トゥースエイク |
| 支配人 | manager | マネジャァ |
| シミ | stain／spot | ステイン／スパット |
| 借用料 | rent | レント |
| ジャケット | jacket | ジャケット |
| 写真 | photograph／picture | フォトグラフ／ピクチャ |
| シャンパン | champagne | シャンペイン |
| 州 | state | ステイト |
| 周遊券 | excursion ticket | イクスカァシャン ティケット |
| 宿泊カード | registration card | レジストレイション カード |
| 宿泊料金 | room rate／charge | ルーム レイト／チャージ |
| 出血 | bleeding | ブリーディング |
| 出国カード | embarkation card | エンバーケイション カード |
| 出生地 | place of birth | プレイス オブ バース |
| 10セント | dime | ダイム |
| 出発時間 | departure time | ディパーチャ タイム |
| 首都 | capital | キャピタル |
| 趣味 | hobby | ハビィ |
| 小児科医 | pediatrician／children's doctor | ピィディアトリシャン／チルドレンズ ダクタァ |
| 証明写真 | ID photograph | アイ ディー フォトグラフ |
| 使用料 | fee | フィー |
| 職業 | occupation | アキュペイション |
| 食堂 | dining room | ダイニング ルーム |
| 処方箋 | prescription | プリスクリプション |

|  |  |  |
|---|---|---|
| 申告 | declaration | デクラレイション |
| 申告する | declare | ディクレア |
| ジントニック | gin and tonic | ジン アン タニク |
| ジンフィズ | gin fizz | ジン フィズ |

## す

|  |  |  |
|---|---|---|
| スタジアム | stadium | ステイディアム |
| スチュワーデス | flight attendant | フライト アテンダント |
| スーツ | suit | スゥート |
| 頭痛 | headache | ヘッデイク |
| 酸っぱい | sour | サゥア |
| ストッキング | panty hose | パンティ ホウズ |
| スーパーマーケット | supermarket | スーパァマーケット |
| スープ | soup | スープ |
| ズボン | trousers／pants | トラウザァズ／パンツ |
| スリ | pickpocket | ピクパケット |

## せ

|  |  |  |
|---|---|---|
| 税関 | customs | カスタムズ |
| 税金 | tax | タクス |
| 性別 | sex | セクス |
| 姓名 | full name | フル ネイム |
| 生理 | menstrual period | メンストルァル ピァリァド |
| 咳 | cough | カフ |
| 石けん | soap | ソウプ |
| 窃盗 | theft／burglar／stealing | セフト／バーグラァ／スティーリング |
| ぜんそく | asthma | アズマ |
| 洗面台 | washbasin | ウォシュベイスン |

## そ

|  |  |  |
|---|---|---|
| ソース | sauce | ソース |

## た

|  |  |  |
|---|---|---|
| 体温 | temperature | テンパラチャ |
| 大使館 | embassy | エンバスィ |
| タイヤ | tire | タイア |

| | |
|---|---|
| **タクシー乗り場** | taxi stand / タクスィ スタンド |
| **タバコ** | cigarette／スィガレット／tobacco／タバコゥ |
| **炭酸飲料** | soda / ソウダ |
| **団体割引** | group discount / グループ ディスカウント |
| **暖房** | heating / ヒーティング |

### ち

| | |
|---|---|
| **地下鉄** | subway／サブウェイ／(英)underground, tube／アンダグラウンド テューブ |
| **チケット** | ticket / ティケット |
| **地図** | map / マップ |
| **チップ** | tip / ティップ |
| **着陸** | landing / ランディング |
| **中国料理** | Chinese food / チャイニーズ フード |
| **注射** | injection / インジェクション |
| **駐車場** | parking lot／パーキング ラト／(英)car park／カア パーク |
| **昼食** | lunch / ランチ |
| **朝食** | breakfast / ブレックファスト |
| **調理法** | recipe / レサピィ |

### つ

| | |
|---|---|
| **通貨** | currency / カレンスィ |
| **通過客** | transit passenger / トランズィット パッセンジャァ |
| **爪切り** | nail clipper / ネイル クリッパァ |

### て

| | |
|---|---|
| **ディスカウントストア** | discount store / ディスカウント ストア |
| **出口** | exit／(英)way out／エグズィット／ウェイ アウト |
| **手頃な** | reasonable / リーズナボゥ |
| **手数料** | commission / カミション |
| **手付金** | deposit / ディポズィット |
| **デパート** | department store / ディパートメント ストア |

## と

**ドアチェーン**
lock and chain
ラック アン チェイン

**トウガラシ** red pepper
レッド ペパァ

**搭乗ゲート** boarding gate
ボーディング ゲイト

**搭乗券** boarding pass
ボーディング パス

**搭乗時刻** boarding time
ボーディング タイム

**到着** arrival
アライヴァル

**到着時間** arrival time
アライヴァル タイム

**糖尿病** diabetes
ダイアビーティズ

**独身の** single／unmarried
スィングゥ／アンマリッド

**トークン（代用貨幣）**
token
トウクン

**特急列車** limited express train
リミティド イクスプレス
トレイン

**トラベラーズチェック**
traveler's check
トラヴェラーズ チェック

**取り消し料**
cancellation charge
カンセレイション チャージ

**ドレス** dress
ドレス

**ドレッシング** dressing
ドレッスィング

## な

**内科医** physician
フィズィシャン

**内線** extention
イクステンション

**生ビール** draft beer
ドラフト ビィア

## に

**苦い** bitter
ビタァ

**25セント** quarter
クウォータァ

**日程** schedule
スケジュール

**日本大使館**
The Japanese Embassy
ザ ジャパニーズ エンバスィ

**日本料理（食）** Japanese food
ジャパニーズ
フード

**荷物** baggage／luggage
(英)バギジ／ラギジ

**荷物棚** rack
ラック

**ニンジン** carrot
キャラット

## ぬ

布 cloth クロース

## ね

ネクタイ tie タイ

値段 price プライス

熱 fever フィーヴァ

## の

飲み物 bevarage ベヴァリッジ

乗り換え transfer トランスファー

乗り換え駅 junction ジャンクション

乗り継ぎ便
connecting flight
カネクティング フライト

## は

歯 tooth／teeth (複) トゥース／ティース

灰皿 ashtray アシュトレィ

葉書 postcard ポゥストカード

吐き気 nausea ノーズィア

バスタオル bath towel バス タウェル

パスポート passport パスポート

パセリ parsley パースリィ

バッテリー battery バテリィ

パトカー police car／ポリース カァ／patrol car パトロゥル カァ

歯ブラシ toothbrush トゥースブラシュ

パーマをかける perm パーム

パン bread ブレッド

パンク flat tire フラット タイア

ばんそうこう adhesive plaster アドヒースィヴ プラスタァ

パンティ panties パンティズ

ハンバーガー hamburger ハンバァガァ

パンフレット
brochure／pamphlet
ブロウシュア／パンフレット

## ひ

ビザ visa ヴィーザ

非常口 emergency イマージェンスィ exit エグズィット

## 248

| 日本語 | 英語 | カタカナ |
|---|---|---|
| ビタミン剤 | vitamin preparations | ヴァイタミン プレパレイションズ |
| ひったくる | snatch | スナッチ |
| ひとり部屋 | single room | スィングゥ ルーム |
| 費用 | cost | コスト |
| 美容院 | beauty parlor (salon) | ビューティ パーラァ (サロン) |
| 病院 | hospital | ハスピタル |
| 病気 | sickness／(英)illness | スィックネス／イルネス |
| ビール | beer | ビァ |
| 便名 | flight number | フライト ナンバァ |

### ふ

| フィルム | film | フィゥム |
| 封書 | sealed letter | スィールド レタァ |
| 豚肉 | pork | ポーク |
| ふたり部屋 | twin room／double room | トゥイン ルーム／ダボゥ ルーム |
| ぶどう酒 | wine | ワイン |
| 船便 | surface／sea mail | サーファス／スィーメイル |
| フライドポテト | french fry／(英)chips | フレンチ フライ／チップス |
| ブラジャー | brassiere (bra) | ブラジァ (ブラー) |
| プラットホーム | platform | プラットフォーム |
| フランス料理 | French food | フレンチ フード |
| ブレーキ | brake | ブレイク |
| フロント | reception | リセプション |
| 紛失物 | lost article | ロスト アーティクゥ |

### へ

| ヘアカット | haircut | ヘアカット |
| 閉館時間 | closing time | クロウズィング タイム |
| ベークドポテト | baked potato | ベイクド ポテイトウ |
| 別料金 | extra charge | エクストラ チャージ |
| ベルキャプテン | bell captain | ベル キャプティン |
| ベルボーイ | bell person | ベル パーソン |

## ほ

**宝石売り場** jewelry department
ジューアリィ ディパートメント

保険 insurance
インシュァランス

**ポスト** mailbox／
メイルバクス／
(英)postbox
ポゥストバクス

ポーター porter
ポータァ

歩道 sidewalk／pavement
サイドウォーク／ペイヴメント

## ま

枕 pillow
ピロウ

待合室 waiting room
ウェイティング ルーム

間違い電話 wrong number
ロング ナンバァ

**マッシュポテト** mushed potato
マッシュド ポテイトウ

## み

ミディアム medium
ミーディアム

**ミネラルウオーター** mineral water
ミネラゥ ウォータァ

身分証明書 identification card (ID)
アイデンティフィケイション カード
（アイディー）

## む

蒸した steamed
スティームド

蒸し焼きにした roasted
ロウスティド

胸焼け heartburn
ハートバーン

無料の complimentary
カンプラメンタリィ

## め

名所 sights
サイツ
(to visit)
（トゥ ヴィズィット）

目薬 eyedrop
アイドラップ

**目玉焼き(片面)** sunny-side up
サニィサイドアップ

めまい dizziness
ディズィネス

免税品店 duty free shop／
デューティ フリーショップ／
tax free shop
タクス フリー ショップ

## も

目的地 destination
デスティネイション

モーテル motel
モウテル

## モーニングコール
wake-up call
ウェイクアップ コール

## や

**焼いた** baked
ベイクド

**焼き増し** copy
カピィ

**夜行列車** night train
ナイト トレイン

**野菜** vegetable
ヴェジタボゥ

**安い** cheap/inexpensive
チープ/イニクスペンスィブ

## ゆ

**郵便局** post office
ポゥスト オフィス

**郵便番号** zip code
ズィップ コウド

## ユースホステル
youth hostel
ユース ホステル

**ゆでた** boiled
ボイルド

**ゆで卵** boiled egg
ボイルド エッグ

## よ

## 洋服店(仕立て)
tailor shop
テイラァ ショップ

**浴室** bathroom
バスルーム

**浴槽** bathtub
バスタブ

**予約** reservation
レザヴェイション

## ら

**ラジオ** radio
レイディオゥ

## り

**両替所** money exchange
マニィ イクスチェインジ

**料金表** tariff
タリフ

**領事館** consulate
カンスュリト

**領収書** receipt
リスィート

**料理人** cook
クック

**旅券番号** passport number
パスポート ナンバァ

**旅行保険** traveling insurance
トラヴェリング インシュアランス

## る

**ルームサービス** room service
ルーム サーヴィス

## れ

**レア** rare
レア

**251**

| 冷蔵庫 | refrigerator リフリジャレイタァ (frig) (フリッジ) |

冷房　air conditioner
　　　エア コンディショナァ

| レギュラー | regular レギュラァ |

レンタカー　rent-a-car
　　　　　レントァカァ

········（ろ）········

| 路線図 | route map ルート マップ |

········（わ）········

割引　discount
　　　ディスカウント

（編集協力）
株式会社
ロム・インターナショナル

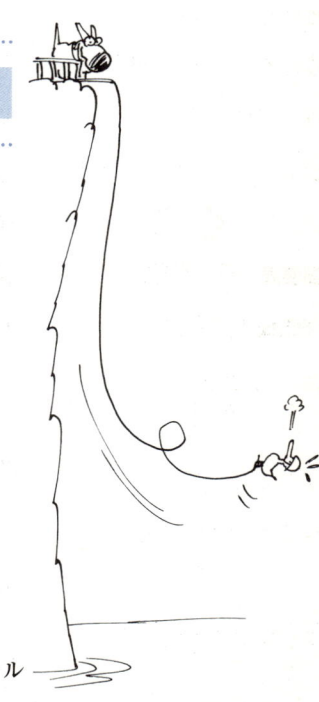

本書は、本文庫のために書き下ろされたものです。